외국인 남편 덕분에 배운
자존감 대화법

외국인 남편 덕분에 배운 자존감 대화법

초판 1쇄 인쇄 2023년 4월 20일
1쇄 발행 2023년 4월 30일

지은이 홍이

펴낸이 우세웅
책임편집 김은지
기획편집 김휘연 주상미
콘텐츠기획·홍보 김세경
디자인 박정호

종이 페이퍼프라이스㈜
인쇄 동양인쇄주식회사

펴낸곳 슬로디미디어그룹
신고번호 제25100-2017-000035호
신고년월일 2017년 6월 13일
주소 서울특별시 마포구 월드컵북로 400, 상암동 서울산업진흥원(문화콘텐츠센터) 5층 22호

전화 02)493-7780
팩스 0303)3442-7780
전자우편 slody925@gmail.com(원고투고·사업제휴)
홈페이지 slodymedia.modoo.at
블로그 slodymedia.xyz
페이스북·인스타그램 slodymedia

ISBN 979-11-6785-128-4 (03190)

외국어
배우듯이
따라 하는
나를 위한
소통법

외국인 남편 덕분에 배운 자존감 대화법

홍이 지음

슬로디미디어

들어가며

내 인생을 변화시킬 한마디

이 책을 읽기 시작한 당신, 지금 누군가에게 상처받아 아주 힘든 시간을 보내고 계시나요? 대화법 공부를 통해 나를 존중하고, 나를 표현하고자 용기 내어주셔서 감사합니다. 이 책이 선순환의 대화법을 익혀 긍정적인 인간관계를 맺고, 그 안에서 내가 행복하기 위한 실천의 첫걸음이 되어줄 수 있기를 바랍니다.

"Unapologetically me."
"Accept me for who I am."
"Let me be."

남편이 제게 한, 자신을 있는 그대로 사랑해달라는 다양한 표현입니다. 다름을 인정하고 존중하기, 남편 자신이 원하는 모습으로 될 수 있도록 내버려 두기, 그만의 방식과 그만의 선택으로 살아갈 수 있도록 기회를 주기. 사랑을 위해 희생하고 노력하는 것이 익숙한 저에게는 너무 어려운 일이었습니다.

가끔은 가장 가까운 사람이
나에게 상처가 됩니다

저와 남편처럼 우리는 사람들과 가족, 연인, 친구, 동료 등의 특별한 관계를 맺으며 살아갑니다. 그리고 가까운 관계이기에 그들의 말과 행동에서 큰 상처를 받기도 합니다.

사과를 받아도 진심이 느껴지지 않고, 이유를 들어도 변명처럼 느껴지시나요? 상대의 말에 휘둘려 무엇이 정상이고 무엇인 비정상인지 헷갈리시나요? 평행선으로 이어지는 말다툼에 지치고, 매번 악역을 맡게 되는 것 같아 차라리 관계를 끊고 싶으신가요? 이제는 이런 악순환의 대화를 멈추고 선순환의 대화를 할 때입니다.

당신이 느끼는
이 모든 감정은 타당합니다

이 글이 보이나요? 주변의 소리가 들리나요? 충분히 시간을 들여 주위를 둘러보세요. 마음이 너무 아프면 시간이 멈춘 것 같이 아무것도 볼 수 없고, 들을 수 없고, 느낄 수 없을 수도 있어요. 땅과 맞닿은 내 발바닥을 느껴보세요. 책장을 넘기는 내 손을 느껴보세요. 그리고 크게 한 번 숨을 들이쉬고 내쉬어보세요. 물론 너무 마음이 아프면 숨 쉬는 것조차 고통스러울 수 있습니다.

내가 지금 느끼고 있는 감정들을 설명할 필요도, 변명할 필요도, 남을 설득할 필요도 없습니다. 당신이 느끼고 있다는 사실만으로 이 모든 감정은 타당합니다. 그러나 이러한 감정을 표현하는 것은 다른 이야기입니다. 내 감정이 상했다고 상대에게 분풀이하거나, 눈에는 눈 이에는 이라는 생각으로 똑같이 복수하는 것이 과연 내가 진정으로 원하는 것일까요? 이 감정을 어떻게 건강하게 해소할 수 있을까요? 우리의 대화와 나의 습관을 되돌아보며 방법을 찾아가봅시다.

이론은 빠삭한데
막상 실제 대화에서는…

대화의 기술에 관한 책을 읽고, 인터넷을 검색하고, 관련 강의를 듣고… 이렇게 좋은 대화법에 관한 이론은 빠삭한데 실전에서는 머릿속이 하얘져 한마디도 하지 못한 경험, 나중에야 '이렇게 말해야 했는데' 하며 후회한 경험, 다들 있으실 거예요.

이 책에서는 나와 나의 말을 분리하는 법을 다룹니다. 꼭 내 생각을 다 표현해야 하는 것도 아니고, 내가 하는 말이나 생각이 꼭 내가 되어야 하는 것도 아닙니다. 나와 나의 말, 생각, 행동을 분리하고 나와 상대의 상황을 분리하여 나의 가능성과 잠재력의 한계를 뛰어넘어보세요. 분리하는 법을 연습하면 불행이 닥쳐도 우아하게 대처할 마음을 갖출 수 있습니다.

내가 하는 말의 주체를 나에게로 옮겨오는 대화, 나의 자존감을 되찾고 나의 존엄성을 지키는 대화를 합시다. 상대를 존중하고 배려하면서, 내 의견을 말하고 나를 존중하는 대화를 합시다. 나의 가능성을 무한하게 열어두고 매일매일 행복을 연습하는 긍정적인 발언을 합시다. 내 의견과 감정을 당당하게 표현하고 진심을 전달하는 관계를 만들 수 있습니다.

나를 객관적으로 바라보고, 내가 원하는 이상적인 나의 모습으로 행동해요. 내가 하는 말이 어떤 힘과 영향을 가져오는지 한번 실험해보세요!

악순환의 고리를
내 손으로 끊어낼 수 있어요

우리는 변화를 주도할 수 있습니다. '잘못한 사람이 변해야지, 왜 내가 노력해야 하지?'라는 억울한 마음이 들 수도 있어요. 하지만 변화는 더 간절히 원하는 사람이 시작해야 합니다. 상대는 자신이 잘못했다고 느끼지 않을 수도, 그래서 변화의 필요성조차 느끼지 못할 수도 있어요. 자기 계발을 멈추지 않는 사람이, 성장하고 발전하고자 하는 사람이, 더 큰 아량과 더 깊은 사고를 하는 사람이 변화의 물꼬를 틀 수 있습니다.

우리가 기존의 대화에서 벗어난 인풋을 입력하면 상대는 그에 상응하는 아웃풋을 출력할 것입니다. 우리가 변하면 상대도 그에 맞춰 더 나은 방향으로 나아갈 것입니다. 우리가 먼저 시작할 수 있습니다!

진정한 자존감이란
무엇이라고 생각하시나요?

내가 원하는 자존감은 어떤 모습이며, 나는 자존감을 위해 어떤 말과 행동을 할 수 있을까요? 또 나는 자존감을 지키기 위해 어떤 삶을 살고 싶은가요?

나 자신을 있는 그대로 인정하고 존중해야 상대를 인정하고 존중할 수 있습니다. 인간이라면 가지는 존엄성과 자유, 권리의 절대적 가치를 기억하면서, 나를 알고 이해하는 시간이 있었으면 합니다.

당신은 당신이 원하는 만큼 아름답고 우아하고 세련되며, 사랑스럽고 매력적인 사람입니다. 당신은 자신을 허용하는 만큼 사랑받을 자격이 있습니다. 당신은 어둠 속에서도 반짝이는 사람이며, 지금도 충분히 잘하고 있습니다.

외국어를 배우듯이
문장을 만들어 보겠습니다

언어는 내 생각과 감정을 표현하는 도구이지만, 내 생각과 감정을 형성하는 틀이기도 합니다. 언어능력만큼 사고의 범위와 깊이를 넓힐 수 있죠. 또 외국어로 말하면 목소리와 말투, 성격까지 달리 보이게도 합니다. 이 책은 이러한 언어의 특징을 이용해 외국어를 배우듯이 자존감 대화법을 익히기 위해 '리딩, 리스닝, 스피킹, 라이팅, 보카, 그래머' 6개의 언어 영역으로 구성되어 있습니다.

영역마다 상대와 나를 존중하는 선순환의 대화법을 제시하고, 나를 탐구하는 시간을 가질 것입니다. 정답은 없습니다. 자기 주도 학습 방식으로 당신의 상황에 가장 적합한, 당신이 하고 싶은 대화를 작성해보세요. 그리고 실제 대화에 적용할 수 있도록 시험공부하듯이 외우고 연습합니다. 매일 하고 싶은 말을 기록하고, 수정하고, 실제 상황에 적용한 뒤 느낀 점을 공유하며 함께 고민해봅시다.

주어를 '나'로 두고, 동사는 능동문으로, 부사는 긍정문으로, 형용사는 서술적 용법으로 바꾸는 연습을 하여, 우리의 사고 회로를 긍정적인 방향으로 돌릴 수 있도록 연구할 것입니다. 처음에는 모국어처럼 자연스럽게 나오지 않겠지만, 매일 조금씩 연습하다 보면 네이티브처럼 긍정적이고 자존감을 높이는 대화법을 구사할 수 있을 것입니다.

변화를 강요하지는 않습니다

이 대화법은 심리 치료를 위한 목적이 아닙니다. 내가 궁극적으로 원하는 게 무엇인지를 찾고, 진정으로 원하는 바를 말하고 행동하기 위한 것입니다. 그러므로 나를 탐구하고, 내 마음을 알아채는 것이 가장 중요합니다.

변화를 강요하지는 않습니다. 당장 변화가 필요한 게 아니라면 그 역시 옳으며, 당신의 선택을 응원하고 존중합니다. 다만, 지금 너무 괴롭고 힘든 상황이라면 조금 더 마음이 편할 방법, 이 상황을 잘 받아들이는 방법을 찾아보셨으면 합니다.

어떤 상황에서 불편함이 느껴졌다면, 그 순간이 기회입니다. 나 자신을 가두었던 장벽을 깨고 나와 더 큰 세상으로 나올 수 있는 계기, 내가 더 나은 사람이라는 것을 보여줄 수 있는 절호의 기회, 최악의 상황에서도 나는 변함없이 좋은 사람임을 증명할 수 있는 시간이 됩니다. 바로 그때, 어떤 말을 하고 싶은지 함께 고민해봅시다.

맑고 깊은 물처럼

세상을 널리 이롭게 하는 말

마음은 물과 같습니다. 흘러야 맑게 유지되는 물처럼, 생각도 끊임없이 흘러야 합니다. 생각의 물길이 부정적인 방향으로 거세게 흐른다면, 인위적으로라도 물길을 긍정적인 방향으로 터야 합니다. 계속 의식적으로 사고의 흐름을 바꾸고, 좋은 생각과 좋은 말로 나를 채워야 합니다.

물은 흘러야 맑습니다. 썩은 물을 흘려보내고 불순물을 걸러내어 마음속을 깨끗한 물로 넘치게 채우세요. 그 새로운 물길을 트는 방법은 바로 대화법을 아주 조금만 바꾸는 것입니다. 부정적인 생각을 흘려보낼 수 있을 때까지, 내 사고의 폭과 깊이를 넓힐 수 있을 때까지, 나를 키웁시다!

마음의 상처를 돌보는 것도 필요하지만, 지금 당장 긍정적인 변화를 이끌어야 한다면 이 책에서 연습한 내용을 실천하세요. 자, 지금부터 시작합니다!

홍이

목차

PART 3 자존감 대화를 위한 불순물 거르기

PART 4 자존감 대화를 위한 물길로 흐르기

PART 1

자존감 대화를 위한 물길 트기

내 인생을 바꾼 대화법

본격적인 자존감 대화법에 관해 이야기하기 전에, '자존감'이라는 개념부터 정의해봅시다. 자존감이란 무엇이라고 생각하시나요? 내가 원하는 자존감은 어떤 모습이며, 나는 자존감을 위해 어떤 말과 행동을 할 수 있을까요? 그리고 자존감을 지키기 위해 어떤 삶을 살고 싶으신가요?

이 단원에서는 자존감의 정의, 맞춰간다는 것의 의미 그리고 변수가 아닌 환경이 되기에 관한 주제를 다루겠습니다.

우리가 대화할 때, 속이 투명하게 보이는 맑은 물처럼 좋은 생각만 하고 좋은 말만 하면 얼마나 좋을까요. 그러나 대화에는 여러 불순물이 끼기 마련입니다. 내가 굳이 설명하지 않아도 알 거라는 착각, 나를 사랑한다면 당연히 해줄 거라는 기대감, '무슨 의도로 이런 말을 하지?' 하는 의심과 오해 등이 투명한 대화를 불가능하게 합니다. 이런 불순물은 내 귀와 눈을 가려 상대의 진심을 알지 못하게 합니다. 그러므로 맑게 말하고 맑게 들으려 노력해야 합니다. 착각, 편견, 자격지심 등의 불순물을 필터로 거르고 걸러 맑게 말하고, 나의 품위와 존엄성을 잃지 않는 선에서 상대의 말을 곧이곧대로 들어야 합니다.

간혹, 정말 말이 안 통하는 상대를 만나기도 합니다. 그런 사람을 만나면 소리를 질러야지만, 화를 내야지만, 역으로 똑같이 해줘야지만 말을 듣는다고 느껴질 수 있습니다. 그러나 이들이 부정적으로만 반응하는 이유는 그 방법밖에 모르기 때문일 수 있습니다. 긍정적인 자극을 받아본 적이 없는 사람, 선순환의 대화를 경험하지 못한 사람, 자존감 높은 행동이 무엇인지 모르는 사람은 늘 해오던 부정적 반응을 보이며 대화에 익숙해집니다. 하지만 이들은 이 세상 누구보다 긍정적인 자극에 목마른 사람들일 수 있습니다. 긍정적인 반응을 통해 긍정적 결과가 나온다는 걸 경험하면, 이들은 누구보다 적극적으로 변화할 것입니다. 그렇다면 어떻게 긍정적인 자극을 줄 수 있을까요?

첫째, 나와 나의 생각을 분리합니다

진정으로 자존감이 높은 사람과 대화해본 적이 있나요? 솔직히 말씀드리자면, 저는 자존감이 굉장히 낮은 사람이었습니다. 경쟁과 비교가 심한 환경에 놓여 순수하게 자존감을 높이는 일은 쉽지 않았습니다. 그래서 자존감을 높일 요량으로 사랑받고 자란 티가 나는 사람들의 특징이나, 자존감 높이는 방법 또는 자존감이 높은 사람에 관한 이야기를 읽으며 그들의 행동을 모방하려 애썼습니다. 하지만 결과적으로 그들의 행동을 겉으로만 따라 했을 뿐, 진정으로 자존감을 높일 수는 없었습니다.

자존감이 높은 사람들이 실제로 어떤 생각을 하고, 어떤 행동을 하는지 전혀 알지 못했을뿐더러, 자존감을 '당당하고 강인한 성격'으로, 독립을 '생활비를 스스로 벌거나, 원가정과 분리되어 자취하는 생활' 정도로 단순하게 정의했기 때문입니다.

남편은 저와 사고방식, 자라온 환경 모든 것이 다른 사람입니다. 그래서 신혼 때는 전혀 말이 안 통하는 사람으로 보였습니다. 공감 능력이 떨어지고 사회성도 없는 한심한 인간이라고 생각했어요. 그래서 저는 계속 상처받으며, 남편을 바꾸기 위해 온갖 수단과 방법을 시도했습니다.

생각지도 못한 관계의 변화를 맞이한 건, 제가 오롯이 나를 중심에 두고 주체적인 대화 방식을 시도했을 때였습니다. 대화법을 달리

하니 긍정적인 변화가 찾아온 것입니다.

사실 남편은 진정으로 자존감이 높은 사람입니다. 전문가들이 이야기하는 결혼생활 잘하는 법, 육아 잘하는 법, 좋은 인생을 사는 법의 정석을 보이는 사람이죠. 그럼에도 불구하고 이런 그와 충돌이 잦았던 건, 그의 생각과 제가 바라는 것의 방향이 달랐기 때문이었습니다.

한 예로, 저는 결혼했으면 당연히 서로를 위해 희생하고, 서로를 행복하게 해줄 의무가 있다고 생각했습니다. 그래서 내가 싫어하는 행동은 하지 말아 달라며 남편에게 변화를 요구했죠. 이에 남편은 "당신이 행복하기를 진심으로 바라지만, 상대를 얼마나 바꾸는지에 당신의 행복을 걸지 말았으면 해."라고 조언했습니다. 그러고는 저에게 있는 그대로의 모습을 사랑하며, 저의 모든 선택과 도전을 지지하니 자신도 존중해달라고 말했습니다.

즉, 저는 저의 행복을 스스로 추구한 게 아니라, 외부의 조건을 바꾸거나 타인에게 의지해 행복이 만들어지길 바라는 사람이었고, 남편은 스스로 중심을 잡고, 자신의 신념을 지키며, 자신이 옳다고 믿는 행동을 통해 행복을 추구하는 사람이었습니다.

자존감의 사전적 의미는 '스스로 품위를 지키고 자기를 존중하는 마음이자, 자기 인격성의 절대적 가치를 스스로 깨닫는 도덕적 동기의 근본'입니다. 그러므로 어떤 상황에서든 자신이 행복할 수 있는 삶을 사는 사람이 자존감이 높은 사람입니다. 주체적인 선택과 감정적인 독립인 진정한 어른의 자세입니다.

그러나 저는 내가 하고 싶은 말보다 내가 해야만 하는 말을 하고, 진심을 숨긴 채 체면을 우선시하고, 대놓고 칭찬받기보다는 겸손한 척을, 감사한 마음을 전하기보다 사소한 불평불만으로 나를 낮추는 말을 많이 했습니다. 자존감을 낮추는 대화를 한 것입니다.

나 자신을 존중하기 위해서는 남의 눈치를 볼 것도, 남의 시선에 얽매일 필요도 없습니다. 내가 원하는 것을 내가 존중하고, 내 감정을 내가 존중하고, 내가 하고 싶은 일을 실현하는 게 자존감을 높이는 방법이죠. 주체적으로 선택하고 능동적으로 행동하는 경험을 쌓을수록 자존감은 더욱 높아질 것입니다.

둘째, 나와 나의 행동을 분리합니다

우리가 어떤 방식에 고착하는 이유는 그 방식이 익숙하기 때문입니다. 그래서 상대가 원하는 모습으로 바뀌려 노력하는 것이 익숙한 사람들은 "사랑하면 그 정도는 할 수 있는 것 아니야?", "그것도 못 하면서 무슨 연애를 하고, 결혼을 하니?"라고 쉽게 말합니다. 저도 그랬습니다. 자발적 희생이 자연스럽고, 상대의 노력에 서로 고마워하며 돈독해지는 관계밖에 몰랐기에 결혼해서도 같은 것을 원했습니다.

그러나 〈김창옥 쇼〉에 나온 말처럼 아이가 접시를 깼을 때, 저는 “다 깨부러~ 나머지 접시도 다 깨지 그러냐~ 다 깨부러!” 하는 한국식 화법을 듣고 자란 사람이고, 남편은 “아 유 오케이? 노 플라블럼. 돈 워리~ 알러뷰. 넌 이 힘든 사건을 통해 네가 우리에게 얼마나 소중한 아이인지를 잊어서는 안 돼.” 하는 미국 엄마 버전을 듣고 자란 사람입니다. 그러니 저희 둘의 화법이 통할 리 없었죠.

남편은 어릴 때부터 부모로부터 무한한 신뢰와 무조건적 사랑을 받고 자란 사람입니다. 그만큼 자존감이 높고 자신에 대한 정체성이 분명하며, 자신의 자유와 권리, 인정과 존중이 기본인 사람입니다. 그러나 이러한 남편의 신념과 행동은 관계주의와 심정 중심주의적인 한국 사회에서 자란 저에게 상처가 되기도 했습니다. 또한, 남편은 자신의 행동으로 인해 제가 상처를 받았더라도, 자신에게 책임이 없다고 했습니다. 상처받는 것이 저의 자유이자 선택이었으므로 감정은 존중하되, 그 감정을 해소하는 것 역시 저의 몫이라 여겼죠.

〈어서 와, 한국은 처음이지?〉의 스테파니 표 퍼펙트 훈육법에 따라 기분이 나쁘면 심호흡하고 감정을 조절하라고 배우며 자란 사람과 〈응답하라 1988〉 속 모습처럼 가족이니까 서로 짜증도 내고 흐트러진 모습도 보이는 가정에서 자란 사람은 다를 것입니다. 아마 “여보, 나 사실 외도했어. 네 감정을 조절해봐.”, “여보, 나 사실 빚이 있어. 깊게 심호흡해.”, “여보, 나 이혼할래. 네가 대우받고 싶은 것처럼 나를 대해줘."라며 온화하면서 단호한 태도로 말한다면, 아무리 성격 좋은 덕선이라도 이성을 잃을 것입니다.

그러나 이런 최악의 상황에서 상대의 이야기를 끝까지 차분하게 듣고 대화하는 사람도 있습니다. 저라면 울고, 소리 지르고, 원망하는 마음이 드는 게 당연했을 텐데 말이죠. 제가 틀렸습니다. 오히려 이런 격한 반응이 나의 존엄성을 스스로 떨어뜨리는 격이었습니다.

제가 안정적인 심리 상태를 경험한 것은 나와 나의 행동을 분리함으로써 감정적으로 독립하고, 선택의 주체성을 획득하며 진정한 자존감의 의미를 깨달았을 때였습니다.

셋째, 나와 나의 말을 분리합니다

우리 사회에서는 뭔가를 할 수 있는 자격이 매우 구체적이고 한정적이라고 느껴집니다. 그래서 화를 낼 때도 '네가 잘못했으니 내가 화를 낼 만하다'라는 자격을 찾는 것 같습니다. "네가 잘못하지 않았으면 내가 화를 낼 일도 없었지.", "네가 상처를 주니까 내가 상처받지."라는 정당화도 합니다. 하지만 이는 나를 '화내는 사람'으로 만들 뿐입니다. 상대의 잘못에 너그러운 사람도 있고, 용서하는 사람도 있으니까요. 즉, 어떤 상황에서 내가 어떻게 대처하는지는 나의 선택입니다.

나의 존엄성과 자존감은 타인의 언행으로 인해 떨어지는 게 아닙니다. 자존감이란 '스스로' 품위를 지키고, 자신의 가치를 깨닫는 것이기 때문입니다. 내가 허락하지 않으면 아무도 나에게 영향을 줄 수 없습니다. 나의 감정이나 사고에 대한 결정권은 오롯이 나에게 있으며, 내가 상처받을 또는 받지 않을 자유, 나의 감정을 인정하고 존중할 권리 그리고 내가 어떻게 생각하고 받아들일지 역시 모두 나의 선택입니다.

익숙한 방식보다 우리가 원하는 방식을 찾아야 합니다. 내가 나의 자존감을 지키는 방식, 내가 우아하게 행동할 수 있는 방식, 몇 년이 지나도 후회하지 않을 그런 방식을 찾아갑시다. 습관적으로 나오는 반응보다는 의식적으로 노력해서 어떤 반응을 할지 결정할 수 있어야 합니다.

우리는 흔히 인간관계는 맞춰가는 것이라고 합니다. 연인이니까, 부모니까, 선배니까 서로에게 어느 정도 변화를 요구할 수 있는 권한이 있다고 생각하기도 합니다. 하지만 '맞춰가다'의 의미가 무엇인지 재정의해봅시다.

인간관계는 단순하게 '서로를 인정하고 다름을 존중하는 것'입니다. 나와 다른 여러 가지 방식과 의견이 있다는 것을 인정하고, 서로의 장점을 존중할 수 있어야 합니다. 나를 희생하면서까지 상대를 따르는 것도, 반대로 상대에게 양보와 배려를 강요할 수도 없습니다. 둘이 함께 있을 때 각자의 장점이 시너지를 내어 더 좋은 합이 되는 것이 맞춰가는 것입니다.

예를 들어, 부부는 일심동체가 아닙니다. 각자의 몸이 있고 각자의 마음이 있습니다. 세상에 영원한 관계 또한 없습니다. 친구라서, 동료라서, 가족이라서 어쩔 수 없이 함께하는 것이 아니라 우리가 함께할 때 행복하기 때문에 그 관계를 유지하는 것이고, 불행하다면 관계를 중단하여 스스로를 보호할 수 있어야 합니다.

상대가 바뀌어야, 상대가 정상이어야, 상대가 나에게 맞춰줘야 한다고 생각하시나요? 그러나 이런 생각은 나의 선택권, 주체성, 감정 결정권 등을 상대에게 넘기는 것과 같습니다. 나는 상대의 언행에 따라 흔들리는 변수가 아니라, 단호하고 일관된 환경이어야 합니다. 이는 내가 중심을 잡고, 내가 원하는 모습으로 행동할 수 있을 때 가능합니다.

서로 어떤 자극과 반응을 주고받을지는 우리의 선택입니다. 선순환이냐 악순환이냐의 시작 또한 내가 할 수 있습니다. 이 모든 것을 내가 바꿀 수 있습니다. 내가 선한 영향을 주는 말 한마디의 용기 있는 시도가 선순환으로 들어서는 대화의 물꼬를 터줄 것입니다.

단원마다 제시한 연습 문제의 답을 쓰며 꽉 막혀 있던 내 머릿속의 생각과 감정을 풀어보세요. 그 과정을 기록하다 보면 나를 객관적인 시선으로 바라볼 수 있게 되고, 멈춰 있던 사고가 흐르고, 당시의 상황을 이해하게 될 것입니다.

당신의 힘들었던 과거의 일들과 상처였던 사건들을 모두 흘려보냅시다. 내 인생을 찾고, 나를 찾고, 내가 되찾고 싶었던 이상향, 하고 싶었던 일, 느끼고 싶은 행복을 찾아가는 과정이 나에게 맑은 물을 들이붓는 과정이 될 것입니다.

서술형 문제

1. 누군가와 대화하며 상처받은 적이 있나요? 생각나는 사건과 대화를 쓰고, 당시 느꼈던 감정을 적어보세요.

2. 당시 상처받은 근본적인 이유는 무엇일까요? 왜 자존감을 지키지 못했는지, 어떻게 했으면 더 당당할 수 있었을지 적어보세요. 아주 사소한 일이어도 기록하고 고민하면 나를 이해하는 데에 도움이 됩니다.

PART 2

자존감 대화를 위한 맑은 물 붓기

선순환에 들어서기

지금, 당신의 영화가 시작됩니다!

내 인생이 한 편의 영화라면 주인공인 나를 위해 지금 여기, 이곳에서 어떤 선택을 하시겠습니까? 당신은 이 영화의 감독이자 작가이자 단독 주연 배우입니다. 이 영화가 로맨틱 코미디가 될지, 공포물이 될지, 다큐멘터리가 될지는 당신의 상상에 달려 있습니다.

당신은 어떤 주인공이 되고 싶나요? 당신의 영화를 어떤 장면으로 채우고 싶은가요? 주인공인 당신에게 어떤 대사를 주고 싶은가요?

이 영화에서 가장 중요한 인물은 다른 누구도 아닌, 바로 당신입니다. 내 인생을 한 편의 영화라고 생각한다면 내가 하는 말은 이 영화의 대사가 됩니다. 우리가 하는 말을 통해 나의 영화를 주옥같은 대사가 있는 아름다운 장면으로 채울 수 있도록, 그동안의 대화를 돌아보는 시간을 갖고 앞으로 어떻게 말하면 좋을지도 고민해봅시다. 이 단원에서는 나의 영화, '나'를 주어로 두는 문장과 긍정 허용력에 관해 다루며, 진정으로 원하는 나의 모습을 탐구하겠습니다.

첫째, 나와 나의 생각을 분리합니다

우리는 가끔 내가 원하는 것을 확실히 몰라 사회가 정해놓은 답이나 다수가 원하는 무언가를 좇으며 '이 정도면 괜찮아.' 하며 위안합니다. 꼭 이렇게 해야 한다는 강박에 휩싸여 더 중요한 것을 놓치기도 하죠. 그러나 내가 주인공인 인생을 살기 위해서는 내가 나에 대해 정확히 아는 것이 가장 중요합니다.

내가 원하는 것이 무엇인지, 어떤 상황을 바라는지, 내가 하고 싶은 일은 무엇인지 시간을 들여 고민해봅시다. 나의 가능성을 열어두고, 원하는 무엇이든 될 수 있다고 믿어봅시다. 다른 사람의 승인, 허락, 인정이 아니라 '내가 알아주는 것'이 가장 중요합니다.

남의 생각보다 나의 생각을 더 궁금해하고, 남의 기준보다 나의 기준에 맞춰서 행동해야 합니다. 최선을 다한 나에게 만족하고, 나의 이상적인 모습으로 당당하게 행동하고 말할 수 있어야 합니다. 천천히 연습하면 됩니다.

모든 중심을 '나'에게로 옮겨와서 내가 하는 말과 생각들에 대해 고민해봅시다. '똥차 가고 벤츠 온다'라는 말을 예로 들어 볼까요? 이 말은 한 번 똥차를 타본 사람은 두 번 다시 똥차를 타지 않는다는 말입니다. 누군가가 도로를 통제해 나에게 똥차를 보냈다가, 벤츠를 보냈다가 하는 게 아니라 그냥 수많은 차가 도로 위를 달리고 있고, 내가 똥차를 골라서 탔다가 그다음에는 아무 차가 아니라 더 좋은 차에 승차하기를 선택하는 것입니다.

'그놈이 그놈'이라는 말도 생각해봅시다. 그놈이 그놈인 이유는 그런 사람만 선택하는 나를 말하는 것일 수도 있고, 나의 행동에 상대가 비슷한 방식으로 반응하기 때문일 수도 있습니다. 내가 어떤 자극을 주었는지, 내가 어떤 언행을 했는지, 내가 어떤 반응을 했는지 한 번쯤은 돌아보는 게 좋을 것입니다.

'사람은 고쳐 쓰는 게 아니다'라는 말도 있습니다. 그런데 여기서 오류는 상대를 고치려는 데에 있습니다. 상대는 자신이 원하는 인생을 살 권리와 자격이 있는데, 나에게 맞춰서 상대를 강제로 수정하고 이용하려는 의도가 있으니 당연히 반발이 일어날 수밖에 없죠. 그러므로 상대를 고쳐 쓴다기보다 평화롭게 공존할 수 있게 긍정적인 환경을 만들어 주는 것이 중요합니다.

이렇게 모든 것의 중심을 나에게로 옮겨봅시다. 의식적으로 노력해야 합니다. 나보다 남에게 집중하는 데에 익숙해져 자신을 놓치지 않도록 말이죠.

내가 나로서 존재할 때가 가장 아름다운 법입니다. 나만이 나의 인생을 살 수 있으므로 나를 사랑하고, 오늘 행복할 수 있는 선택을 하세요. 그 선택은 나만의 권리입니다.

둘째, 나와 나의 행동을 분리합니다

눈앞에 닥친 상황에 압도되어 나를 잃는 경우가 있습니다. 이럴 때는 잠시 거리를 두고, 영화관에 앉아 나를 바라본다고 상상해보세요. 나라는 인물을 포함한 배경 전체가 촬영된 한 장면에 있다고 상상하고, 여기서 주인공이 기분이 나아지기 위해 어떤 행동을 하기를 바라는지 생각하는 것입니다.

아주 사소한 행동이어도 괜찮습니다. 출퇴근길에 하늘 올려다보기, 신나는 음악 들으며 경쾌하게 걷기, 부모님이나 친구에게 안부 묻기 등의 행동이 나를 행복하게 만들어준다면 충분합니다. 꼭 행동으로 옮기지 않아도 '이렇게 하면 정말 행복하겠다.' 하는 마음을 느껴보세요.

친구와 수다 떨기, 팟캐스트 듣기, 카페에서 커피 한 잔, 영화나 드라마 한 편 보기, 산책, 운동 무엇이든 좋습니다. 여력이 된다면 하고 싶은 일들을 적어서 하루에 두세 개씩 실천하는 것도 좋겠죠. 원래 하지 않던 행동이라면 처음에는 굉장히 어색할 수 있습니다. 그럴 땐 나와 행동을 분리하세요. 내가 영화의 주인공이라고 생각하면 실천하기가 수월할 것입니다.

물론, 영화 속 한 장면은 그냥 만들어지지 않습니다. 해변에서 기타를 치며 연인과 사랑스럽게 바라보는 낭만적인 순간을 원한다면, 한밤중에 외출해서 만나는 커다란 벌레를 못 본 척해야 하고, 앉을 만한 자리를 찾아 많이 걸어야 할지도 모릅니다. 낡고 더러운 공간에 앉을 수 있는 무던한 마음가짐도 필요하죠. 또, 눈앞의 사람이 서툰 솜씨로 나에게 기타를 쳐주고 있다는 사실에 집중력을 발휘할 수 있어야 하고, 이런 아름다운 곳에 데려와주어서 고맙다는 말도 할 수 있어야 합니다. 긴 시간 인내하고, 언제 실내로 돌아가고 싶은지 친절하게 알려주고, 아까 왔던 험한 길을 되돌아갈 수 있는 기력도 있어야 합니다.

내가 원했던 장면에는 이렇게 구체적으로 예상하지 못했던 상황들이 닥칠 수도 있어요. 이런 순간을 견뎌야 인생에 소중한 한 장면을 얻게 됩니다.

답답하거나 좌절감이 느껴진다면, 시간을 갖고 하루를 돌아보세요. 잠시 마음의 짐을 내려놓고, 하기 싫지만 억지로 해야 할 일이 아닌, 내가 하고 싶었던, 오랜 시간 꿈꾸었던 일들을 생각해보세요. 그리고 그것을 이룰 방법을 상상해보세요. 또, 현실적으로 내가 감내해야 하는 일들도 함께 고려해봅시다. 최악의 상황에서 어떻게 문제를 해결할지, 어떻게 대처하고 싶은지 대안을 만드는 일도 필요합니다.

완벽하지 않아도 됩니다. 우리는 실수할 수 있고, 지금 내린 결정을 바꿀 수도 있으며, 더 나은 선택을 할 수도 있습니다. 실패했다면 다시 도전하면 됩니다. 또는 포기해도 괜찮습니다. 내가 어떤 결정을 하든 나의 영화는 계속될 것입니다. 우리의 영화에는 수많은 장면이 남아 있고, 하나하나 다채로운 에피소드로 채워질 거예요. 우리의 가능성과 잠재력을 무한히 펼쳐 해피엔딩을 만들 수 있습니다.

셋째, 나와 나의 말을 분리합니다

내가 평소에 하는 말들을 한 번 되돌아봅시다. 혹시 습관적으로 불평하지는 않나요? 겸손하게 보이기 위해 자신을 필요 이상으로 낮춰서 소개하지는 않나요? 상대방의 호의가 부담스러워 거절한 적이 있나요? 말에는 힘이 있어서 나의 삶에 영향력을 미칩니다. 무의식중에 자신을 부정적인 상황에 놓는다면, 나라는 사람은 부정적으로 기억될 수밖에 없습니다.

내가 어떤 사람이고, 나는 어떤 사람이 되고 싶은지를 영화 속 주인공 묘사하듯 소개해봅시다. 다른 사람과 비교할 필요도, 타인을 깎아내릴 필요도, 상대를 위해 나를 낮출 필요도 없습니다. 나는 나대로 소중한 사람임을 기억하세요.

나를 긍정문으로 표현해보아요. 아직은 스스로를 완벽하다고 느끼지 않아도 괜찮습니다. 우리는 그렇게 될 수 있고, 그런 사람이 될 것입니다.

제가 쓴 소개 글은 다음과 같습니다. “저는 기쁜 일이 생겼을 때 가장 먼저 생각나고 소식을 전해주고 싶은 사람, 행복하다고 느끼는 순간 함께하고 싶은 사람, 세상을 넓게 멀리 볼 줄 아는 사람, 눈앞의 결과에 연연하기보다 다른 사람의 노력이 결과를 맺을 때까지 참을성 있게 기다릴 줄 아는 사람이 되고 싶습니다. 다름을 인정하고 상대의 있는 그대로를 존중할 줄 아는 사람, 포용력과 이해심이 넓어 나와 다른 의견도 경청할 줄 아는 사람, 진심을 솔직하게 털어놓을 수 있는 사람, 거절당할까 봐 두려워할 필요 없이 자기 모습 그대로를 보여주고 싶은 사람, 예측할 수 없는 어떤 일에도 함께하고 싶은 사람, 함께하면 안심할 수 있는 사람, 그릇이 대자인 사람, 상대의 잘못에 죄책감을 유발하지 않고 용서할 줄 아는 사람, 상대가 나에게 아무리 상처 주려고 해도 내가 더 넓은 마음으로 품어줄 수 있는 사람, 안아달라고 떼쓰기보다 먼저 안아줄 줄 아는 사람, 손잡아달라고 기다리기보다 먼저 손 내미는 사람, 감사와 사랑의 말을 먼저 건네는 사람, 함께 있으면 주위 사람들도 기분 좋아지게 만드는 사람, 만나면 기분이 좋아지는 사람, 타인에게 상냥하고 자상한 사람이 되고 싶습니다.”

자, 이제 내가 묘사한 인물이 등장할 장면을 상상해봅시다. 저는 남편과의 관계에서 제 모습을 생각해보았습니다. 남편이 거짓말하거나 속이거나 숨기는 일 없이 사실을 말해주길 원한다면 내가 격한 반응 없이 솔직한 말을 들을 수 있도록 준비가 되어야 합니다. 남편이 나에게 사랑을 표현해주길 원한다면 내가 그의 방식으로 사랑을 받을 준비가 되어야 합니다. 남편이 나를 최우선으로 여기길 바란다면 남편의 모든 면을 있는 그대로 받아들이고 인정할 수 있어야 합니다. 남편과 평화로운 시간을 보내길 바란다면 시비를 걸거나 말다툼을 시작하려 해도 차분하게 반응할 수 있어야 합니다. 남편이 집안일을 하길 원한다면 집이 더러워도, 설거짓거리가 쌓여 있어도 남편이 할 때까지 기다릴 줄 알아야 합니다. 남편이 나를 존중하길 원한다면 내가 먼저 나를 존중할 줄 알아야 합니다. "사랑해"라는 말을 듣고 싶으면 사랑한다고 먼저 말해줄 수 있어야 하고, 남편이 집에 일찍 오길 원한다면 보고 싶다고 먼저 말할 수 있어야 합니다.

내가 무엇을 원하는지를 정확히 알아야 그것을 추구하는 데 집중할 수 있습니다. 그래야 타인의 시선이나 사회가 정한 기준에 흔들리지 않고 내가 원하는 것을 이룰 수 있습니다. 그게 정답입니다. 내 인생이니 내가 정답입니다.

아이러니하게도, 나에게 나쁜 일이 생기는 순간이 내가 얼마나 강하고 좋은 사람인지를 증명할 수 있는 시간입니다. 어려운 상황에서도 존엄성을 지키고 자존감을 키우는 대화를 어떻게 할지 함께 고민해보겠습니다.

서술형 문제

1. 당신 영화 속 주인공은 어떤 사람인가요? 주인공을 소개하고, 당신의 영화를 자랑해보세요.

2. 당신은 어떤 사람인가요? 다음 예를 보고, 형용사와 동사를 사용해 답해보세요.

○ 서울에 사는 30대 여성

→ 나는 뭐든지 최선을 다하는 사람

→ 나는 용기 내서 도전하는 사람

○ 화를 내지 않는 사람

→ 나는 온화한 사람

→ 나는 내 감정을 조절할 줄 아는 사람

우리는 왜 관계를 끊을까?

2000년대 초, 미국에서는 '워크어웨이 와이프 신드롬(Walkaway Wife Syndrome)'이라는 현상이 일었습니다. 워크어웨이 와이프 신드롬이란, 겉으로는 평범하고 만족스러운 결혼생활을 하는 것 같지만 실상은 매우 불행하여 갑자기 이혼을 요구하는 아내들이 많아진 현상을 말합니다. 우리나라에서도 비슷한 내용의 현상이 〈남녀가 이별하는 과정〉이라는 글로 인기를 끌었습니다.

미국에서는 이혼 신청의 2/3가 아내에 의해 접수된다고 합니다. 이는 여성이 결혼을 중요하게 여기지 않아서가 아니라, 오히려 그 반대입니다. 여성 대부분은 결혼생활 내내 가정을 유지하기 위해 '할 수 있는 모든 노력'을 합니다. 그럼에도 불구하고 결혼생활에 변화가 없으면 조용히 이혼을 선택하는 거죠.

결혼하면 연애 때와 달리 조금 더 현실적인 갈등이 생깁니다. 이에 아내는 잔소리하거나 불평하는 방법으로 문제에 접근하고, 남자는 아내의 불평 속에서 자신을 실패자라고 느끼고는 아내와 함께하는 시간을 줄이는 방법으로 회피합니다. 아내는 이런 시간이 지속하면 불평을 멈추고 조용히 떠날 계획(exit strategy)을 세웁니다. 그리고 남편은 상황이 나아졌다고(false sense of security) 느낍니다. 그렇기에 아내의 이혼 요구는 남편에게 갑작스럽고 예상치 못한 일입니다. 그제야 잘못을 깨닫고 이혼만은 피하고자 노력하지만 때는 늦었습니다. 아내는 이미 결혼생활과 사랑을 잃는 것을 애도했으며, 자신의 삶을 찾아 떠날 준비가 되어 있는 상태입니다. 그 결정은 홧김에 내린 것이 아니라 몇 년 동안 반복적인 실망과 절망을 경험하고 차곡차곡 준비해온 것입니다.

그러나 이혼에 이르는 이러한 과정에 대해 와이너 데이비스(Weiner-Davis) 박사는 아내들이 모든 것을 시도했다는 것은 사실 말뿐이라고 짚습니다. 박사에 의하면, 여자는 언어적인 사람이고, 남자는 행동에 반응하는 사람입니다. 그래서 이혼 접수 시점이 바로 결혼을 유지하고 싶어 하는 남편들이 아내가 떠나지 않도록 노력을 시작하는 때라고 합니다. 그러므로 와이너 데이비스 박사는 이혼까지 가기 전에 남편들이 반응할 수 있도록 다양한 방법을 찾아 '모든 것'을 시도해보면 좋겠다고 조언합니다.

워크어웨이 와이프 신드롬은 부부뿐 아니라, 다양한 인간관계에서의 개인 간 관점 차이를 설명하는 현상이기도 합니다. 참고 참다가 어느 순간 연을 끊어버리는 관계, 상대가 잘못을 고치지 않는다는 이유로 단절해버리는 관계, 상대가 예의를 지키지 않아 차단해버리는 관계 등입니다. 연을 끊기까지 최선을 다하고 많은 고민을 하는 이유는 그 관계를 소중히 생각하기 때문입니다. 부모와의 천륜, 몇 십년지기와의 우정, 사랑하는 연인과의 인연을 소중히 생각하기에 책임감, 성실함, 배려심으로 상대에게 맞추는 것입니다.

잠시 눈을 감고 세상과 떨어져서 생각해보세요. 우리가 진정으로 원하는 관계가 양보, 포기, 희생으로 유지되는 관계인가요? 내가 주고 싶은 사랑에 희생이 담보로 잡혀야 할까요? 내가 바라는 행복이 나의 기본적인 권리와 욕구를 포기해 얻는 건가요? '너를 위해서' 한 나의 행동들로 사실은 상대에게 보답의 의무나 마음의 짐을 강요하지는 않았나요? 내가 배려라고 생각한 것들이 오히려 나의 일방적인 표현이 아닌지 말이죠. 상대는 반대로 내가 행복하길 바라고 있을 수 있습니다.

어쩌면 피해자가 되는 편이 더 쉬울 수도 있습니다. 내 행동과 선택에 책임질 필요가 없으니 말이죠. 그러나 나의 실수를 인정하고 나의 잘못을 고치는 것이 용기 있는 사람의 행동입니다. 남을 위해 희생하기보다 내 꿈을 이루기 위해 도전하고 노력하는 것이 더 결단력 있는 행동입니다.

가장 중요한 것은 내가 원하는 관계가 어떤 관계인지를 아는 것입니다. 내가 감당할 수 있는 정도를 잘 알고, 상대가 그 선을 넘으면 친절하게 알려주어야 합니다. 말로 우리의 관계가 나에게 얼마나 소중한지를 표현하고, 상대에게 노력할 기회를 줄 수 있어야 합니다. 우리를 위해, 나를 위해 의사를 표현하고 실천하는 것입니다.

상대가 무언가를 해야 만족할 수 있는 수동적인 행복이 아니라, 내가 무언가를 해서 스스로 성취하는 적극적인 행복을 추구합시다.

소극적인 부정보다 능동적인 긍정으로, 불행을 예방하는 간접적인 행동보다 행복을 추구하는 적극적인 행동을 선택합시다. 다른 누구도 아닌 나를 위해 해야 할 일입니다.

'나는 무엇을 한다', 더 구체적으로 '나는 언제 어디에서 무엇을 어떻게 왜 한다'라는 문장을 긍정문으로 만들어보세요. 주어, 동사, 목적어를 명확히 하는 것입니다. 예를 들어, 갈림길에서 "나는 이 방향으로 갈 거야."라고 말했다면 정말로 그 방향으로 걸으세요. 그러면 상대도 나를 따라올 것입니다. 언행일치! "나는 이 방향으로 갈 거야."라고 말하며 상대를 따라가면 효과가 없는 게 당연합니다. 일관적이고 단호하게 내 갈 길을 가는 게 중요합니다.

'가장 확실한 사과는 행동으로 보이는 것'이라는 말처럼, 확실히 의사를 표현하고 행동으로 보여야 합니다. 내가 드디어 무언가를 실행에 옮겼을 때, 상대가 반응한다는 것을 잊지 마세요.

연습 문제

내가 바라는 나의 영화를 생각하며 나의 하루를 되돌아보고 원하는 것을 알아봅시다. 다음은 무조건 내가 정답인 질문입니다.

1. 내가 바라는 나의 영화를 생각해봅시다.

- 당신의 영화는 어떤 이야기인가요?
- 지금 당신의 모습은 당신 스스로가 만족할 만한 모습인가요?
- 당신 스스로가 자랑스러울 만한 모습인가요?
- 당신의 영화에서 주인공에게 바라는 모습은 무엇인가요?
- 당신이 이상적으로 생각하는 당신의 모습은 무엇인가요?
- 충분히 나를 위해 최선을 다하고 있는 모습인가요?
- 지금 영화는 어떤 클라이맥스를 향해 진행되고 있나요?
- 당신의 영화는 해피엔딩으로 가고 있나요?

2. 카메라에 비치는 당신의 모습을 그려봅시다.

- 얼굴에 미소를 띠고 있나요?
- 다정한 눈빛인가요?
- 목소리는 차분한가요?
- 당신이 하는 말들이 당신의 진심을 잘 대변하고 있나요?
- 당신이 궁극적으로 원하는 일들을 잘 선택하고 있나요?
- 당신이 하는 행동들이 진정으로 하고 싶었던 일들인가요?
- 당신이 어렸을 때부터 꿈꿔왔던 삶의 모습인가요?
- 당신이 주인공인 영화를 보며 행복함을 느끼나요?

3. 영화 속 주인공인 나의 모습을 떠올려봅시다.

- 이야기에서 얼마나 주도권을 가지고 있나요?
- 감정, 의견, 상상 모두 내가 주체가 되어 나를 중심으로 살아가고 있나요?
- 어떤 일이 당신에게 일어나는 것이 아니라 당신이 원하는 일들을 일어나게 하고 있나요?
- 해야만 하는 일이 아니라 하고 싶은 일을 하고 있나요?
- 당신의 인생에서 자기 자신을 얼마나 돌보고 존중하고 있나요?
- 당신만을 위해 하고 싶은 일은 무엇인가요?

4. 나의 영화가 어떻게 흘러왔는지 되돌아봅시다.

- 수많은 장면 중 있었던 크고 작은 일들을 축하하셨나요?
- 나를 응원하는 사람들에게 진심으로 감사를 전하셨나요?
- 나에게 온 수많은 기회와 그 기회를 얻기 위해 했던 노력이 생각나시나요?
- 실수를 어떻게 해결했고, 실수를 통해 배운 점이 무엇인지 기억나시나요?
- 힘든 일로 무너져 내린 날, 일어설 용기를 내었던 순간이 있나요?
- 지금의 당신을 있게 한 과거를 평화롭게 받아들일 준비가 되었나요?
- 원하는 결과가 나오지 않았더라도, 당시 주어진 환경에서 최선을 다했다고 담담히 인정할 수 있나요?

5. 나의 영화가 어떻게 흘러가기를 원하는지 상상해봅시다.

- 내일은 어떤 기회가 찾아오기를 바라나요?
- 성장과 발전을 위해 어떤 노력을 하고 있나요?
- 버리고 싶은 오래된 습관은 무엇이며, 앞으로 어떤 습관을 들이고 싶나요?

- 완전히 새로운 결말을 위해, 지금 나의 안전지대에서 벗어날 수 있나요?
- 매일의 새로운 시작을 위해 지금 어떤 변화를 실천하시겠어요?
- 당신 영화의 새로운 장을 시작할 준비가 되었나요?

6. 평범한 일상을 행복하게 만들 방법을 생각해봅시다.

- 언제 가장 기쁨을 느끼나요?
- 언제 가장 마음이 편안한가요?
- 언제 가장 사랑받는다고 느끼나요?
- 언제 가장 에너지가 솟아오르나요?
- 언제 가장 크게 웃나요?

7. 오늘 하루를 되돌아보며, 오늘 나의 영화는 어떤 장면이었을지 생각해봅시다.

- 오늘 가장 좋았던 일은 무엇이었나요?
- 오늘 가장 소중했던 순간은 언제였나요?
- 오늘 누가 가장 고마웠나요?
- 오늘 어떤 만남과 대화가 가장 의미 있었나요?
- 오늘 어떤 사건이 일어났나요?
- 오늘 내가 가진 것 중 어느 것이 가장 도움이 되었나요?
- 오늘 내가 깨달은 것은 무엇이었나요?
- 오늘 나에게 칭찬해주고 싶은 일은 무엇이었나요?
- 오늘 나는 누군가에게 어떻게 기억되고 싶나요?
- 새롭게 시작하는 내일을 보람차게 보내려면 어떤 일들이 있길 바라나요?
- 당신 인생에서 가장 감사한 일은 무엇인가요?

Writing
_ 불평불만을 줄이는 글쓰기

가끔은 나도 내 마음을 모르겠을 때가 있습니다. 그래서 서툴게 표현하다 보니 오해와 갈등이 생기기도 하죠. 이번 단원에서는 '무엇을 말하고 싶고, 무엇을 말할지'와 '어떻게 말하고 싶고, 어떻게 말할지'를 고민해볼 것입니다. 불평불만 속에서 진심을 찾고, 과거 시제 문장과 감사 표현으로 나의 의도를 상대가 알아듣기 쉽게 써 볼 것입니다.

사람의 뇌는 부정의 개념을 이해하지 못한다고 합니다. 저명한 컨설턴트 사이먼 사이넥(Simon Sinek)은 한 강연에서 "코끼리를 생각하지 마세요."라는 말을 들으면 우리는 자연스럽게 코끼리를 생각하게 된다고 말했습니다. 하지 말라고 하는 게 오히려 강조되는 효과가 나는 거죠. 그러므로 내가 불평불만만 한다면 오히려 상대에게 내가 원하지 않는 상황과 부정적인 내용만 각인하는 것입니다. 자기 잘못이나 부족함을 콕콕 집어내는 말이라면 듣기 힘들 수도 있죠. 이런 부정적인 내용이 기정사실로 되면 상대의 가능성과 잠재력의 싹을 잘라버릴 수도 있습니다. 그러므로 우리는 불만스러운 상황에서도 나와 나의 말을 분리해야 합니다. 계속 못 한다고 구박받으면 할 수 있어도 안 하게 되고, 얼마나 잘하나 보자고 쫓아다니며 감시하면 하려던 것도 싫어지는 법입니다.

원하는 바를 정확하게 알려주는 것이 가장 효과적입니다. 그러고는 시간과 기회를 충분히 주어 상대가 할 수 있는 환경을 만들어주세요. 내가 상대에게 긍정적인 모습으로 비쳐야 상대도 나를 위해 노력할 것입니다. 지금부터 불평불만이나 잔소리할 상황을 기회로 삼아, 숨겨진 나의 진심을 찾는 연습을 해보겠습니다.

첫째, 나와 나의 생각을 분리합니다

어느 한 가지 생각에 사로잡혀 머릿속이 시끌시끌할 때가 있죠. 털어버리고 싶어도 계속 생각나고, 꼬리에 꼬리를 무는 생각들로 괴로운 경험은 누구에게나 있을 거예요. 이렇게 한 가지 생각에서 벗어나지 못하는 이유는 '내가 하고 싶은 말'이 있기 때문입니다. 또 '이 말을 언제 꺼낼까.', '어떻게 말해야 내 의도가 잘 전달될까.', '상대의 반응에 따라 어떤 대답을 할까.' 등을 생각하면 불안해집니다.

이럴 때는 하고 싶은 말을 자신에게 털어놓아 보세요. 글로 적어 내려가거나, 음성으로 녹음하거나, 핸드폰 음성 인식 기능을 사용해 문자로 변환해도 좋습니다. 머릿속의 생각을 남김없이 꺼내놓으면 일단은 머릿속을 비울 수 있게 됩니다. 언제든 다시 생각나면 찾아볼 수 있으니, 지금은 잊어버려도 괜찮습니다.

그래도 계속 생각이 난다면, 내가 쓴 글을 다시 읽어봅시다. 한두 시간 후 또는 하루이틀 후 다시 읽어보면 객관적으로 나를 바라보게 될 것입니다. 마음에 여유가 생기며 나의 마음을 제대로 아는 데에 도움이 됩니다.

둘째, 나와 나의 행동을 분리합니다

내가 했던 불평불만들과 잔소리들을 모두 적으셨나요? 사실 우리는 모르는 사람에게보다 가까운 사람에게 불평불만과 잔소리를 늘어놓는 경향이 있습니다. 상대를 위하는 마음이 그만큼 크기 때문이죠. 이제 불평이나 잔소리하게 되는 상황을 조금 다르게 보고, 관계 개선의 기회로 삼아봅시다. 같은 상황에서 불평불만 대신 상대에게 고맙다는 표현을 하는 것입니다. 머리를 쥐어짜서 기억도 가물가물한 과거부터 지금까지의 일 중 잘한 일을 찾아 칭찬할 기회! 상대가 한 번이라도 잘해준 일을 찾아 고마움을 말할 기회! 당신이 나에게 얼마나 소중한 존재인지를 표현할 기회입니다! 이게 무슨 말이냐 싶겠지만, 일단 속는 셈 치고 시도해봅시다. 먼저 부정적인 생각에서 나를 분리한 뒤, 나의 진심을 다시 한번 확인해보겠습니다.

내가 상대에게 불평불만을 표출했거나 잔소리했다면, 표면적으로 내가 원하지 않는 일이 일어났다는 뜻입니다. 그리고 내가 그것을 원하지 않는 이유는 내가 궁극적으로 원하는 것이 있는데 현재 충족되지 못하고 있기 때문일 것입니다. 그렇다면 원하는 바를 충족하기 위해 내가 할 수 있는 객관적이고 중립적인 방법은 무엇일까요? 그리고 내가 원하는 것을 어떤 문장으로 만들어야 효과적일까요?

예를 들어, 자녀가 밤늦게까지 외출해 들어오지 않는다거나 게임에 빠져 있는 상황이 걱정된다면, 외출하거나 게임을 하는 대신 무엇을 했으면 좋을지를 생각해봐야 합니다.

아이가 일찍 들어오길 바라는 이유는 무엇인가요? 그리고 아이가 집에 와서 했으면 좋겠는 건 무엇인가요? 아마 학생의 본분에 맞게 공부에 집중했으면 싶을 수 있습니다. 그러나 한편으로는 잔소리하고, 간섭하고, 집착하고 싶지는 않을 것입니다. 집에 와 게임으로 스트레스 푸는 시간이 필요하다는 걸 알고 있고, 외톨이가 되길 바라는 것도 아니니까요. 그러므로 이러한 상황을 객관적으로 표현하자면 '스스로 학업에 최선을 다하며, 집중해서 공부하고, 친구들과 좋은 관계를 유지하길 바란다'가 되겠죠. 그렇다면 이러한 진심을 어떻게 효과적으로 전달할까요? 내가 원하는 상황이 이루어졌던 과거의 순간을 찾아 고마움을 표현하면 됩니다. "지난 시험 기간에 스스로 계획한 대로 시간을 지켜 공부하는 모습이 정말 대견했단다. 너의 꿈을 위해 지금 열심히 노력하고 있다는 사실을 알고 있어. 네가 성장하는 모습을 보면 엄마 아빠도 행복해. 우리가 항상 응원하고 있으니, 도움이 필요하면 언제든지 말하렴."이라고 말이죠.

외국인 남편 덕분에 배운 자존감 대화법

① 아이가 밤늦게까지 외출해서 돌아오지 않는다. 게임으로 시간을 낭비한다.
② 시험이 며칠 남지 않았으니 공부를 했으면 좋겠다.
③ 아이의 개인 시간도 존중해 줄 수 있는 부모가 되고 싶다.
④ 아이 스스로 학업에 집중하고, 좋은 교우 관계를 유지하길 바란다.
⑤ "지난 시험 기간에 계획한 대로 시간을 지켜 공부하는 모습이 정말 대견스러웠단다."
⑥ "너의 꿈을 위해 지금 열심히 노력한다는 사실을 알고 있어. 너의 성장하는 모습을 보면 엄마 아빠도 행복해. 우리가 항상 응원하고 있으니, 도움이 필요하면 언제든지 말하렴."이라고 말해줄 수 있다.

이번에는 다음 제시한 과정을 이용해 당신의 상황을 적어보세요.

① 불만족스러운 상황

→ 내가 표면적으로 원하지 않는 것

② 현재 충족되지 못한 나의 바람

→ 그것을 원하지 않는 이유

③ 내가 궁극적으로 원하는 나의 모습
→ 그것을 이루기 위해 내가 할 수 있는 일

④ 객관적이고 중립적으로 내가 원하는 것을 말하기

⑤ 내가 원하는 상황의 증거를 찾아 고마움을 표현하기

⑥ 내가 원하는 것을 효과적으로 전달하기 위해 할 수 있는 표현하기

① 현재 불만족스러운 상황은 무엇이고, 내가 표면적으로 원하지 않는 것은 무엇인가요?

② 현재 충족되지 못한 나의 바람은 무엇이며, 그것을 원하는 이유는 무엇인가요?

③ 내가 궁극적으로 원하는 나의 모습은 무엇이며, 그것을 이루기 위해 무엇을 할 수 있나요?

④ ③을 객관적이고 중립적인 입장으로 내가 원하는 것을 표현해보세요.

⑤ 내가 원하는 상황이 과거에 이루어졌던 증거를 찾아 고마움을 표현하는 문장을 써보세요. "당신이 ~해줘서 고마워요.", "덕분에 행복하고, 사랑받는다고 느꼈어요." 등이 해당합니다.

⑥ 위를 모두 참고해 원하는 바를 효과적으로 전달하는 표현으로 진심을 전해보세요.

셋째, 나와 나의 말을 분리합니다

가장 중요한 것은, 궁극적으로 내가 무엇을 원하는지를 아는 것입니다. 내가 원하지 않는 것을 예방하려고만 하면 언제나 불행합니다. 내가 원하는 것에 집중하고 그것을 추구해야 긍정적인 보상을 느낄 수 있습니다. 돌려 말하기나 반어법 같은 간접적인 표현으로 상대에게 해석할 의무나 부담을 지우기보다 나의 의도를 명확히 전달할 수 있도록 담백하게 표현하는 것이 상대도 듣기 수월할 것입니다.

상대가 단 한 번이라도 내가 바라는 모습을 보였다면, 아주 대단한 일을 한 것처럼 칭찬합시다. "당신이 잘할 줄 알았어.", "당신은 원래 좋은 사람이야.", "당신은 나를 행복하게 해. 당신과 함께하는 건 내 최고의 선택이었어.", "지난번 그 일을 맡아 잘 처리해줘서 정말 고마웠어요.", "약속을 지켜줘서 고마워요.", "노력하는 모습에 감동했어요."라고 말해보세요.

외국인 남편 덕분에 배운 자존감 대화법

- 당신이 잘할 줄 알았어.
- 당신은 원래 좋은 사람이야.
- 당신은 나를 행복하게 해. 당신과 함께하는 건 내 최고의 선택이었어.
- 지난번 그 일을 맡아 잘 처리해줘서 정말 고마웠어요.
- 약속을 지켜줘서 고마워요.
- 노력하는 모습에 감동했어요.

예능 프로그램 〈아는 형님〉에 출연한 신화의 전진이 아내에게 감동한 일화를 이야기한 적이 있습니다. 옷을 거실에 벗어두었다가 주방에 두었더니, 아내가 "잘했어~ 점점 더 세탁기에 가까워지고 있잖아~"라고 칭찬해주었다며, 아주 작은 발전을 알아채고 칭찬해 주어 말을 안 들을 수 없게 만드는 지혜로운 아내라고 말이죠. 이렇게 어느 행동에 대해 구체적으로 칭찬하면 상대에게 잔소리하는 것보다 효과적일 것입니다.

불평불만을 건전하게 해소한다면 지금 나의 발전에도 도움이 됩니다. 우리의 대화는 제로섬 게임이 아니라 윈윈 게임이어야 합니다. 상대에게 집착하게 되거나, 상대가 바뀌어야 한다는 생각이 들거나, 나도 모르는 사이에 희생하고 양보하는 선택을 하고 있다고 느껴진다면 나의 자존감을 올려야 하는 시점입니다.

내가 나를 돌보고 사랑하고 이해하고 칭찬하고 아끼세요. 타인에게 의존하지 않고, 내가 나를 위해 무엇을 할지를 정확히 알 때까지 나에게 질문을 던져보세요.

서술형 문제

1. 당신의 평소 어떤 불만을 갖고 있나요? 습관적으로 한 불평불만을 적어보고 아래 예시를 이용해 진정으로 원하는 게 무엇인지 생각해보세요.

- 권위적인 상사 때문에 회사에 가기 싫다.
  → 회사에 출근해서 내 업무에 집중할 수 있는 시간을 원한다.
- 친구가 나를 감정 쓰레기통으로 여기는 것 같다.
  → 내 감정을 존중받고 싶다.

2. 내가 원했던 일이 과거에 일어난 적이 있나요? 기억을 되짚어보고, 그 상황에 느꼈던 감사하는 마음을 상기시켜 효과적으로 전달할 문장을 써보세요.

혐오 표현 속에서 찾는 우리들의 진심

요즘에는 혐오를 드러내는 신조어가 광범위하게 쓰이고 있습니다. 맘충, 휴먼 거지 등이 이에 해당합니다. 그리고 이러한 단어에는 역설적으로 우리의 욕망이 담겨 있습니다. 솔직해져 봅시다. 우리가 화나는 이유는 사실 내가 원하는 상황이 이루어지지 않았기 때문이 아닌가요?

사람의 마음에 가장 강력하게 남는 기억은 상처받은 순간입니다. 내가 존중받지 못한 순간, 내가 인정받지 못한 순간, 내가 원하지 않는 상황에 강제로 놓인 순간 등입니다. 그리고 그 상처가 너무 깊으면 진정으로 원하는 것이 무엇인지 보이지 않거나, 진짜로 원하는 것을 표현하지 못하게 됩니다. 거절당할까 봐, 비웃음을 살까 봐, 예의가 아니니까, 이기적인 사람으로 보일까 봐, 거지 취급을 받을까 봐 등의 이유로 싫은 행동에 대해 말을 하지 않고, 피하는 방식으로 해결하는 것입니다. 그러나 모두 건강한 방식은 아닙니다. 남을 미워하고 원망하며 사는 건 우리에게도, 사회에도 이롭지 않습니다.

3포 세대(결혼, 임신, 육아를 포기하는 세대), 비혼, 헬조선이라는 단어에도 이면이 있습니다. 여러 불합리한 사회적 제도를 피하고자 결혼, 임신, 육아를 포함한 많은 선택권을 포기하는 것은 오히려 더 나은 환경을 찾기 위한 과정일 수 있습니다. 결혼이라는 제도에 대해 누구보다 진지하게 고민하고, 더 나은 삶의 방식을 추구하는 것이므로 모두 존중받아야 합니다. 또한, 젊은이들이 비혼을 다짐하고 딩크를 다짐해도 현실적으로 결혼을 하고 아이를 낳는 게 더 살기 좋고, 가정 친화적인 분위기라면 다른 선택을 할 수도 있겠죠. 결혼해서 배우자와 행복하게 사는 사람이 더 많다면, 양가에 존중받는 일원이 될 수 있다면, 더 자산을 축적하고 안정적인 삶을 살 수 있다면 오히려 결혼하는 사람이 더 많아질 것입니다.

“헬조선에서 결혼 안 해.”라는 말의 이면에는 “헤븐조선이라면 결혼하고 싶어.”라는 바람이 숨어 있는 건 아닐까요? 그렇다면 이 사회가 천국이 되려면, 내가 바라는 것은 무엇일까요?

외국인 남편 덕분에 배운 자존감 대화법

오늘도 비혼을 다짐합니다.

→ 내가 원하는 결혼생활은 배우자와 행복한 시간을 보내고, 양가에서 존중받는 일원이 되고, 결혼해서 재산을 축적하는 안정적인 삶이다.

국가인권위원회는 13세 이하 아동의 이용을 일률적으로 제한하는 이른바 ‘노키즈존’을 합리적 이유가 없는 차별 행위로 판단했지만, 여전히 노키즈존에 대한 논란은 뜨겁습니다. 그런데 우리가 진정으로 원하는 게 차별 행위일까요? 아닐 것입니다. 우리가 정말로 원하는 건 '안전하고 쾌적하게 음식을 먹을 수 있는 환경'이죠.

가게의 진심은 모든 손님에게 정성을 다해 서비스를 제공하는 것입니다. 그러나 통제 불가한 아이, 만취한 고객, 고성방가하거나 특정 서비스를 독점하려는 손님은 모두 문제가 됩니다. 차라리 이런 상황을 고려해 문제가 생기면 적극적으로 대응하고, 영업을 위한 권리를 행사할 방법을 만드는 건 어떨까요? 아이의 입장을 막기보다는 아이와 보호자에게 가게의 규칙을 설명할 수도 있겠죠. 구체적인 가이드라인을 제시하고 예약제, 보증금제, 좌석 요금제, 서약서 등을 활용할 수도 있습니다.

외국인 남편 덕분에 배운 자존감 대화법

노키즈존 → 안전하고 쾌적하게 음식을 먹을 수 있는 환경

물론, 내가 원하는 게 하루아침에 이루어지지는 않습니다. 그렇기에 나의 희망 사항을 부정적으로 표현하는 것일 수도 있습니다. 하지만 한 번쯤은 내 열망을 존중하고, 내 희망을 실현하기 위해 최선을 다해보는 건 어떨까요? 자기 합리화하며 한 발짝 물러나 있기보다 나의 가능성과 잠재력을 열어두고 한 발짝씩 앞으로 나아갈 수 있습니다. 내가 원하는 것을 정확히 알고, 내가 궁극적으로 어떤

사람이 되고 싶은지 명확하게 상상한다면, 나는 그렇게 될 수 있습니다. 내가 원하는 나의 모습을 스스로 추구할 수 있습니다. 구체적이고, 긍정적이고, 적극적으로 말이죠. 나 자신이 그렇게 만들 수 있습니다.

연습 문제

다음 언어를 진심을 찾는 언어로 바꾸어보세요.

1. 공부도 안 하고 너는 커서 뭐가 될래?

① 뭐가 되든 네가 만족하고 행복하게 살면 좋겠어.
② 네가 원하는 삶을 살기 위해 무엇을 해야 할까?
③ ______________________________
④ ______________________________

2. 친구네 남편은 한 달에 얼마를 번다더라!

① 당신이 가정을 위해 매일 열심히 일해줘서 고마워.
② 내가 원하는 라이프스타일을 위해 이런 방식으로 노력해보고 싶어.
③ ______________________________
④ ______________________________

3. 당신은 어떻게 집안일을 한 번을 안 해? 치우는 사람 따로 있고, 어지르는 사람 따로 있어?

① 지난번에 당신이 집안일을 맡아서 했을 때 정말 고마웠어요. 덕분에 내가 시간이 나서 쉴 수 있었어요.
② 당신도 일하고 와서 힘들었을 텐데 그 일을 처리해주니 행복했어요.
③ ______________________________
④ ______________________________

4. 너는 나를 사랑하지도, 배려하지도 않아!

① 매일 저녁, 우리가 대화하는 시간이 제일 행복해. 그 일을 얘기해줘서 고마워. 우리가 함께할 수 있는 건 행운이야.

② 출근 전에 매일 쪽지 남겨줘서 고마워. 네가 쓴 편지를 받으면 사랑받는 기분이 들어.

③ ______________________________

④ ______________________________

Vocabulary
_ 소망을 이루는 긍정 표현 사전

앞서 라이팅 단원에서는 내가 원하는 상황이 과거에 이루어졌던 순간을 찾아 감사 표현을 했다면, 이번 단원에서는 내가 원하는 상황이 지금 이루어진 것처럼 말하는 현재 시제, 서술적 용법, 긍정 확언(positive affirmation), 자기 충족 예언(self-fulfilling prophecy)을 활용한 표현을 알아보겠습니다. 이 대화의 목적은 내가 원하는 것이 이루어지길 바라는 소망을 표현하는 것입니다. 그것이 실제 이루어질지 아닐지는 우리의 능력 밖의 일이므로 우리가 할 수 있는 것에 집중하여 최선을 다하는 데에 의미를 두겠습니다.

저는 허태균 교수의 《어쩌다 한국인》에 설명된 한국인의 특징 중 예방적 동기와 불확실성 회피를 최우선으로 생각하는 사람이었습니다. 그래서 어떤 상황이 발생하면 단점을 가장 먼저 보고 부정적인 태도를 취하는 게 기본이었죠. 인생이 언제나 행복하거나 완벽한 게 아닌 걸 알면서도 이상을 좇아 늘 현재에 불만족했습니다. 그러던 어느 날, 한 결혼에 관한 수업에서 남편의 의식적인 노력 없이도 긍정적인 변화를 이룰 방법을 배웠습니다. 상대의 긍정적인 변화를 위해 내가 원하는 모습에 집중하는 방법이었죠.

이 방법의 핵심은 현재 상황을 내가 원하는 방향으로, 나에게 도움이 되는 방향으로 해석하는 것입니다. 기대 심리와 부응 심리가 맞물려 상승효과가 난다는 피그말리온 효과에 입각해 상대가 잘할 거라 믿고, 믿은 만큼 최선의 결과가 나올 거라 기대하는 것입니다. 진실을 나에게 도움이 되는 방향으로 과장하거나 확대해서 해석해야 합니다. 내가 원하는 상황을 상상하며 이미 이루어진 것처럼 행동하고 말하며 이루어질 거라고 믿으세요. 그렇다면 어떤 문장으로 말하는 게 좋을까요?

첫째, 나와 나의 생각을 분리합니다

가장 먼저 할 일은 객관적인 시각을 되찾는 것입니다. 우리는 본능적으로 장점은 축소하고, 단점은 과장해 생각하는 인지적 오류에 빠집니다. 인류가 나쁜 정보에 민감하게 반응해 위험이나 사고에서 자신을 보호하고 생존하기 위해 발달했기 때문입니다.

그러나 부정적 감정에 휩쓸려 있으면 전체적인 상황을 이해하기 어렵습니다. 그러므로 의식적으로 잠시만 나를 분리해봅시다. 시야를 조금만 넓혀서 내가 고려하지 않은 부분이 있는지 살펴보세요. 장점도 봐주고, 장점도 언급하고, 장점도 고려하는 것입니다.

예를 들어, 저는 개인주의적인 남편을 이기적이라고 한정적으로 생각했습니다. 그러나 달리 생각하면, 자기 자신을 사랑하고, 한 가지 일에 집중할 줄 알며, 자신이 원하는 것을 정확히 알고 그것만을 추구하는 사람입니다. 자신의 취향과 선호도를 정해놓고 자신에게 최고의 것들로 대우하는 사람이기도 하죠.

외국인 남편 덕분에 배운 자존감 대화법

자기밖에 모르고, 배은망덕하며 이기적인 사람
→ 자기 자신을 사랑할 줄 아는 사람
→ 한 가지 일에 집중할 줄 아는 사람
→ 자신이 원하는 것을 뚜렷하게 알고 그것만을 추구할 줄 아는 사람
→ 자신의 취향과 선호도를 정해놓고 자신에게 최고의 것들로 대우할 줄 아는 사람

이번에는 회사에서 매일 히스테리를 부리는 상사를 객관적으로 설명해봅시다. 상사인 부장을 객관적으로 서술한다면, 부장은 현재 재직 중인 사람이므로 회사에서 월급을 주며 고용할 가치가 있고 그만큼 능력이 있는 사람입니다. 또한, 모든 인간은 독립적이고 자유

로운 인격체이므로 상사도 독립적인 인격체이자 주권을 가진 사람입니다. 그리고 그는 누군가에게 세상에서 가장 사랑하는 한 사람일 것입니다.

외국인 남편 덕분에 배운 자존감 대화법

○ 그는 이 회사에서 부장으로 재직 중이다.

→ 그는 회사가 월급을 주며 고용할 가치가 있는 사람이다.

→ 그는 능력 있는 사람이다.

○ 그는 좋은 사람이다.

→ 그는 연쇄살인마도 아니고, 희대의 사기꾼도 아니며 불법을 저지른 전과자도 아니다. 그러므로 그는 충분히 좋은 사람이다.

→ 그는 독립적이고 자유로운 하나의 인격체이며, 누군가에게는 가장 사랑하는 사람일 것이다.

단점은 상대적 개념입니다. 그의 어떤 특징이 나에게 불리하게 작용하기 때문에 내가 부정적으로 생각하는 것뿐, 유리하게 작용하는 사람에게는 엄청난 장점으로 보일 수 있습니다.

단점을 보는 건 본능이지만 장점을 보는 건 재능이라는 말이 있습니다. 그러므로 장점을 보려 의식적으로 노력해야 합니다. 상대의 단점에만 치중하면 그는 최악의 사람이 되고, 장점에 치중하면 유능하고 좋은 사람으로 보일 것입니다. 장점을 최대한 살리고, 부정적

평가보다 긍정적 상황으로 이끄세요. 상대가 내가 원하는 모습으로 나타날 수 있게끔 환경을 만들어주어야 합니다.

객관적인 시각을 견지하며 상황을 바라보면 지금 바로 실천할 수 있는 것들이 떠오릅니다. 불평만 하고 있을 시간에 상황을 개선할 수 있는 행동을 취할 수 있습니다. 무엇을 할지, 무엇을 할 수 있을지 떠올리고 실천하면 불만 사항을 해소하고 불평을 줄일 수 있습니다.

둘째, 나와 나의 행동을 분리합니다

아무리 객관적으로 바라보아도 단점이 사라지는 건 아닙니다. 이럴 때는 내가 상대에게 취했던 행동을 돌이켜봅시다. 상대가 이기적으로 행동했다면 나는 방어적인 태도를 보였을 것입니다. 상대가 의심스러운 행동을 했다면 따져 묻거나 솔직히 말하라고 요구했을 수도 있어요. 자연스러운 반응입니다. 자, 이렇게 나의 반응을 인식했다면 이를 내가 원하는 방향으로 바꿔 말해봅시다.

상대가 배려심 있게 행동하길 원한다면, "넌 왜 그렇게 이기적이야! 다른 사람 생각은 안 하니?"라고 따지기보다 "당신은 원래 배려심이 많은 사람인데, 무슨 일 있었어?"라고 물어보세요. 상대가 솔직하기를 바란다면, "지금 거짓말하는 거야? 내 눈을 보고 솔직하게 말해!"라고 몰아치기보다 "나는 누구보다 당신이 정직한 사람이라고 믿어."라고 얘기하세요. 내가 원하는 상대의 모습을 한 번 더 상기시켜줄 수도 있습니다. 상대가 실수하지 않길 원한다면, "너는 그것도 못 하니?"라고 닦달하기보다 "너라면 충분히 잘할 수 있어. 나는 너를 믿어. 너는 능력 있는 사람이야."라고 말해주고 마치 그렇게 이루어진 것처럼 행동하면 됩니다. "지각하면 어떡해!"라고 화내기보다 "당신은 시간 관리가 철저한 사람이라 이유 없이 늦지는 않았을 거야. 피치 못할 사정이 있었으리라 생각해."라며 내가 바라는 상황으로 말할 수도 있습니다.

외국인 남편 덕분에 배운 자존감 대화법

○ 넌 왜 그렇게 이기적이야! 다른 사람 생각은 안 하니?

→ 당신은 원래 배려심이 많은 사람인데, 무슨 일이 있었어?

○ 지금 거짓말하는 거야? 솔직하게 말해봐!

→ 나는 당신이 누구보다 정직한 사람이라고 믿어.

○ 너는 그것도 못 하니?

→ 너라면 충분히 잘할 수 있어. 너는 능력 있는 사람이야.

○ 지각하면 어떡해!

→ 당신은 시간 관리가 철저한 사람이니 이유 없이 늦지는 않았을 거야. 무슨 일 있는 건 아니길 바랄게.

쉽게 넘길 수 없는 실수나 잘못도 있습니다. 그러나 그 또한 나만이 판단할 수 있는 일입니다. 타인의 시선이나 사회적 통념이 아닌 자신만의 기준을 세워야 합니다. 내가 받아들일 수 있는 정도를 아는 것이 중요합니다.

상대는 수없이 실패할 것입니다. 나를 시험에 들게 할 수도 있어요. 이때마다 상대에게 충분한 기회를 주어야 합니다. 그러면 아주 조금씩 스스로 느끼고 배워 나갈 것입니다. 상대의 노력을 인정하는 것도 중요합니다. 부정적인 평가는 낙담하게 만들고, 방어적인 태도를 취하게 합니다. 아무리 노력해도 불평만 듣는다면 '어차피 최선을 다해 봤자 알아주지도 않는데 왜 이런 노력을 해야 하지?'라는 무력감만 들게 합니다.

간혹 동기부여와 발전을 위해 단점을 강조하는 사람도 있습니다. 의도는 상대를 향한 애정에서 나온 것입니다. 그러나 상처받을 것이 뻔한 말을 내뱉는 건, 나를 타인에게 상처 주는 사람으로 만들 뿐입니다. 사람은 누구나 칭찬을 원하지, 잘잘못을 따져가며 비난받기를 원하지 않습니다. 굳이 부정적인 면을 언급해 상대에게 패배감과 좌절감을 줄 필요는 없습니다.

반면, 상대에게 예쁜 말만 한다면 나 자신을 긍정적인 사람으로 만드는 것입니다. 상대에게 꽃처럼 예쁜 말을 해주면 상대도 자발적으로 더 나은 사람, 내가 원하는 사람이 되어 줍니다. 상대를 좋은 사람으로, 내가 만들어줄 수 있습니다.

셋째, 나와 나의 말을 분리합니다

예쁜 말의 위력을 깨닫게 된 한마디가 있었습니다. 다음은 학교 화장실에 붙어 있던 문구입니다.

"많은 꽃과 억새가 예쁘다고 한들 그대들만 할까요? 그대들은 다 내 아들과 딸이므로 매일 아침 청소를 깨끗이 하고 있으니, 발로 뚜껑을 열지 않았으면 해요. 항상 깨끗하게 이용하는 그대들이 있어 기쁘게 청소하고 있는 아줌마가 드리는 글"

발로 변기를 열지 말라는 무미건조한 안내문으로도 메시지를 전할 수 있지만, 사람의 마음을 움직이는 것은 위와 같은 아름다운 말 한마디였습니다. 많은 사람이 감사의 인사를 덧붙였고, 저도 이 글을 보고 같은 말이라도 더 유연하게 표현하고 싶다는 생각을 했습니다.

내가 주변 사람들에게 줄 수 있는 가장 큰 선물은 예쁜 말 한마디입니다. 상대에게 해줄 수 있는 긍정적 확신, 내가 원하는 모습 등을 목록으로 만들어 매일 읽고 현실인 것처럼 행동하면, 결국 이루어질 것입니다.

타인을 묘사할 땐 성격이나 특징을 한정적 용법에 가두지 말고, 서술적 용법을 사용해보세요. 내가 싫어하는 부분을 생각하며 하지 말아야 할 것, 하면 안 되는 것에 집중해 말하면 상대의 행동반경은 그만큼 줄어듭니다. '안 된다', '못한다' 하면 상대의 잘하고자 하는 마음까지 꺾이게 합니다. 서술적 용법으로 누군가를 표현하는 일은 칭찬에 인색하고 감정 표현에 서툴렀던 저에게 굉장히 힘든 일이었습니다. 그래서 매일 주문처럼 읽고 외우며 연습했습니다. 사실 우리는 사회에서 이미 북풍과 채찍에 시달립니다. 서로에게 햇볕만 주고, 당근만 주어야 합니다. 그러므로 긍정적인 모습에 집중해 나 자신에게, 상대에게 친절해지면 좋겠습니다. 누군가는 상대의 자존감을 세워주는 일을 매우 불필요한 일로 여길 수 있습니다. 그러나 상대의 자존감을 세워준다고 해서 나의 자존감이나 나의 가치가 떨어지는 일도 아니고, 상대가 긍정적인 말을 듣고 행복한 반응을 보인다면 기꺼이 해줄 수 있는 일이죠.

상대의 진심을 믿고, 그가 좋은 사람이라는 사실을 믿고, 그를 선택한 나의 결정을 믿고, 시간을 들여 지켜보시길 바랍니다. 긍정적인 말은 긍정적인 반응을 불러오고, 긍정적인 문장은 긍정적인 생각을 불러옵니다.

그 선순환을 내가 만들 수 있습니다. 마음이 편해지고 생각이 맑아지고 얼굴이 빛나고 눈빛, 행동, 태도가 이전과 비교되지 않을 정도로 좋아질 것입니다. 내가 먼저 선한 영향력을 펼친다면, 분명

주변 사람들도 긍정적으로 반응할 것입니다.

예쁜 말의 위력 중 가장 대단한 사실은 상한가가 없다는 점입니다. 단시간 내에 예상한 정도보다 훨씬 더 좋아질 수 있어요. 위기는 쑥스럽다고 표현을 자제하는 순간입니다. 손발이 오그라들더라도 예쁜 말 한마디를 더해보세요. 쉽게 경계가 풀리고, 선순환의 대화를 이끌 수 있을 것입니다. 어떤 말을 할지는 모두 나의 선택입니다. 이 상황이 상한가를 칠지, 따상상을 칠지는 모두 나에게 달렸습니다. 내 입에 달렸습니다. 내가 하는 말과 생각에 달렸습니다.

서술형 문제

1. 내가 원하는 상황은 구체적으로 무엇인가요?

2. 만약 원하는 상황이 이루어진다면 어떻게 말하고 행동할 건가요? 적은 것을 이미 이루어진 것처럼 실제로 말하고 행동해보세요.

좋은 시부모님을 만나는 방법

"교수님 바보. 내가 공부한 거 하나도 못 맞히셨어."라는 짤을 본 교수님께서 재밌다는 반응을 보인 유튜브 방송이 있습니다. 발상의 전환! 우리도 그간의 고정관념을 깨고 생각을 전환해봅시다. 누군가에게 불만스러운 마음이 들거나, 원망하는 마음이 든다면 내가 그에게 충분한 기회를 주었는지 생각해보아야 합니다. 우리는 그를 좋은 사람으로 만들 수 있습니다.

예를 들어, 나는 독립적인 고부 관계를 원하는데 시어머니께서 자꾸 연락을 강요하거나 시도 때도 없이 연락해온다면, 시어머니는 평생 내가 원하는 시어머니가 되어주실 수 없습니다. 왜 나는 시어머니께 내가 원하는 고부 관계를 실현할 기회를 박탈 당하는 건가요? 왜 나는 매번 스트레스받을 걸 알면서도 연락을 받는 건가요?

아마 사회적 관습, 도의적 책임, 자녀의 도리 등의 압박에 억눌려 있기 때문입니다. 이런 외부적인 요인에서 벗어나 나의 의사를 존중하고 자유를 수호하는 행동을 할 수 있어야 합니다. 발상을 전환하여 봅시다. 시어머니의 전화를 무시하는 것이 아니라 시어머니께 내가 원하는 고부 관계를 이루어주실 기회를 드리는 것입니다. 시어머니를 찾아뵙기 싫은 게 아니라 시어머니께 며느리의 계획을 존중하여 주실 기회를 드리는 것입니다.

제 시어머니는 아들 내외가 자주 방문하길 원하셨습니다. 특히 결혼한 해의 첫 명절은 꼭 함께 보냈으면 한다고 말씀하셨죠. 그 명절 연휴에 있는 제 생일도 축하해주고 싶다고요. 저는 이런 상황이 무척 불편했습니다. 그 이유는 어른의 말씀을 거역할 수 없어 제게 선택권이 없다고 느껴졌고, 거절하면 시어머니와 남편의 기분이 상할까 봐 눈치가 보였기 때문입니다. 게다가 생일을 축하해주시려는 시어머니의 좋은 의도는 알지만, 제 생일에는 제가 원하는 대로 보내고 싶었는데 그럴 수 없어서 싫었습니다.

그러나 다시 생각해보면, 사실 시부모님은 당신들이 원하는 상황을 말로만 표현한 것입니다. 제 머리에 총을 겨누고 오라고 협박한 것도 아닙니다. 그러므로 시댁에 갈지 말지는 내가 결정할 수 있는 문제였습니다. 내가 억지로, 두 다리로 시댁에 걸어 들어가서 악랄한 시부모님으로 만들 수도, 내가 좋아하는 일로 하루를 채워 나의 의견을 존중해주는 인자한 시부모님으로 만들 수도 있습니다. 나의 선택입니다.

실제로 저는 매년 제 생일에 여행을 갑니다. 그리고 시부모님은 제 생일을 진심으로 축하해주는 시부모님이 되어주셨습니다.

외국인 남편 덕분에 배운 자존감 대화법

- 어머님, 명절과 제 생일을 함께하고 싶은 마음 정말 감사해요. 그런데 저는 제 생일에 여행을 가고 싶어서 계획 중이에요!

- 생일 축하해주셔서 감사합니다. 저는 여행에서 정말 좋은 시간을 보내고 있어요! 덕분에 행복한 생일을 보내고 있어요.

어쩔 수 없이, 선택의 여지 없이, 눈치가 보여서, 압박에 못 이겨서 하게 되는 일들이 있습니다. 막상 처하니 그렇게 할 수밖에 없는 일들이죠. 그래서 더욱 내가 원하는 상황과 행동이 무엇인지 의식적으로 선택할 수 있어야 합니다. 대본을 외우듯이, 외국어 시험을 준비하듯이 연습해보세요. 강제적인 자리에서도 나를 위한 발언을 할 수 있도록, 최선을 다해 나의 마음을 대변할 수 있도록 존중하세요.

저는 시부모님을 남편의 부모님으로서 존경하며, 어른이시니 지금껏 살아온 삶의 방식을 존중합니다. 동시에 제 삶에 대한 자율성과 주체성도 중요하게 생각합니다. 나는 내가 하고 싶은 것을 하고 내가 계획한 것을 지키면서 행복하게 살면 됩니다. 서로를 인정하고 존중한다면 분명 우리의 관계는 더 좋아지고, 함께 있을 때 더 행복할 것입니다.

외국인 남편 덕분에 배운 자존감 대화법

○ 어머님께서 저희가 행복하기를 원하시는 걸 알아요. 저희가 서로를 위하며 더 행복하게 지낼 수 있도록 노력할게요.

○ 어머님, ○○씨와 제가 부부로서 행복하게 지내길 바라는 마음 잘 알고 있어요.

○ 어머님께서는 자상하고 마음이 넓으신 분이시니, 좋은 의도로 말씀해주신 거라고 믿어요!

○ 어머님께서 제가 더 잘되기를 바라시는 마음을 잘 알겠어요. 제 꿈은 ~예요. 저도 제 꿈을 이루기 위해 더 노력할게요.

○ 어머님, 저희는 지금 저희 삶에 만족해요. 저는 ~하는 삶을 원해요.

○ 어머님께서 저를 편하게 가족처럼 생각하셔서 그렇게 하신 것 이해해요. 어머님께서 저를 생각해주시는 마음만은 감사해요.

○ 시댁에서 편히 있다 가라고 해주셔서 감사해요. 저도 어머님 말씀처럼 편하게 있다가 갈게요.

○ 어머님은 저에게 최고의 시어머니세요!

연습 문제

제시된 단어를 사용하여 문장을 완성하세요.

나는 자유롭다.

예) · 나에게는 내 이야기를 바꿀 힘이 있다.
- 나에게는 스스로 결정할 자유가 있다.
- 누구도, 그 무엇도 내가 허락하지 않는 한 나에게 영향을 줄 수 없다.
- 나는 사람들의 평가가 나에게 영향을 미치도록 놔두지 않는다.
- 나는 나를 짓누르는 모든 것을 우아하게 포기하고, 나에게 어울리지 않는 것에서 벗어날 것이다.
- 나는 모든 형태의 긍정적인 감정을 느낄 수 있을 만큼 자유롭다.
- 나는 지금 나에게 행복을 가져다주는 것에 초점을 맞출 것이다.

나는 나를 사랑한다.

예) · 나는 나 자신을 받아들이고 사랑의 중요성을 이해하고 있다.
- 나는 긍정적인 변화에 시간이 걸린다는 걸 알고 있다.
- 나는 매일 모든 면에서 더 좋아지고 있다.
- 나는 내 감정을 존중한다.
- 나는 내 삶의 자연스러운 리듬을 받아들인다.
- 나의 가치를 알아봐 주는 사람이 있다.
- 나는 아름다운 영혼이다.

나는 평온하다.

예) · 나는 나의 생각과 행동을 통제할 수 있다.
· 내가 지금 해야 할 일은 숨 쉬는 것뿐이다.
· 내가 평온할 때 내 세상은 평화롭다.
· 나는 평화로움을 유지하는 데 최선을 다하고 있다.
· 나는 모든 걱정과 근심을 떠나보내고 평화를 위한 공간을 만들고 있다.
· 나는 어려운 시기가 일시적이라는 걸 알고 있다.
· 나는 나에게 온 모든 것과 나에게 다가올 모든 것에 감사하다.

나는 나를 허락한다.

예) · 나는 자랑스러운 삶을 만들 자격이 있다.
· 내 몸과 마음은 평화를 누릴 자격이 있다.
· 나는 나의 행복을 위해 늘 최선을 선택할 것이다.
· 나는 사랑과 존경을 받고, 가치 있게 여겨질 자격이 있다.
· 나에게 죄책감이나 스트레스 없이 살 수 있도록 허락한다.
· 나는 실수할 수 있고, 실수를 통해 큰 사람이 될 것이다.

나는 할 수 있다.

예) · 나는 스스로 일어설 용기가 있다.

· 나는 작은 선택으로 큰 변화를 일으킬 수 있다.

· 나는 마음만 먹으면 무엇이든 할 수 있다.

· 나는 내가 겪고 있는 문제보다 강하다.

· 나는 인생의 폭풍을 이겨낼 것이다.

나는 최선을 다한다.

예) · 나는 역경이 삶을 개선할 기회라고 생각한다.

· 나는 목표를 위해 이전보다 더 많은 준비와 노력을 하고 있다.

· 나는 실수할 수도 있고, 꿈을 이룰 수도 있다.

· 나는 원하는 삶을 위해 매일 작은 걸음을 내디딘다.

· 오늘 내가 할 일은 내 목표에 가까워지는 것뿐이다.

나는 더 나아질 것이다.

예) · 매일 새로운 기회가 나를 기다리고 있다.
· 나는 항상 꿈꿔왔던 사람이 될 것이다.
· 나는 매일 더 많은 사랑을 주는 사람이 되고 있다.
· 니는 미래를 향해 매일 작은 발걸음을 내디딘다.
· 나는 내 남은 인생을 최고로 만들 것이다.
· 온 우주가 내가 진정한 사랑을 찾을 수 있도록 도와줄 거라고 믿는다.

Grammar
_ 나에게 중심을 두는 문법

앞의 단원에서 내가 원하는 상황을 표현하는 방법으로 감사를 표현하는 과거 시제, 이미 이뤄진 것처럼 말하는 현재 시제를 다뤘다면, 이번 단원에서는 미래 시제, 긍정문, 능동태를 사용하여 내가 원하는 것을 이루어지게 만드는 문장을 만들어보겠습니다.

말에는 무한한 힘이 있으며, 화자와 청자 모두에게 영향을 끼칩니다. 혼잣말도 내 귀가 듣는 법이죠. 그러므로 우리는 말이 내가 원하는 방향으로 영향력을 행사하도록 최대한 진심을 담아 긍정적인 문법으로 내보내야 합니다.

우리는 간혹 사회적 압박을 이기지 못해 억지로 하고 싶지 않은 일을 합니다. 그리고 매번 후회합니다. 내가 원하지 않는 일을 예방하기 위해서는 반대로 내가 원하는 일이 무엇인지를 알아야 합니다. 원하지 않는 일이 벌어졌을 때 내가 어떻게 대처하고 싶은지, 어떤 결과를 바라는지를 구체적으로 상상해야 합니다.

몇 해 전, '미국인들은 너무 긍정적이라 오히려 별로'라는 글이 인터넷상에서 많은 공감을 얻었습니다. 모든 일에 지나칠 정도로 낙관적이어서 현실적인 조언은 기대하기 어렵다는 의미였어요. 그러나 남편과 함께 살면서 깨달은 점은, 그들은 같은 말이라도 조금 더 긍정적으로 표현하고, 완벽하지 않은 결과라고 해도 최선을 다했기에 받아들인다는 것입니다. 발전의 의지가 없는 게 아니라 지금 열심히 하는 중이라는 사실을 중요하게 생각하고, 현실에 안주하는 게 아니라 다음 기회를 위해 천천히 준비하는 것에 의의를 둡니다.

이처럼 같은 상황에서 무엇을 보고 무엇을 설명할지는 오로지 화자의 선택입니다. 그 선택이 다른 누구도 아닌, 바로 나의 선택이라는 걸 깨닫는다면 상황을 다른 시각으로 볼 수 있습니다. 긍정적인 시각으로 보는 능력, 무분별한 낙관이 아니라 상황을 객관적으로 이해하고 긍정적인 면을 보기로 '선택'하였기 때문에 그 변화가 더욱 의미 있는 것입니다. 긍정적으로, 미래지향적으로, 사람의 마음을 움직이는 문장을 만들어 봅시다.

첫째, 나와 나의 생각을 분리합니다

엘리베이터에서 아이 셋을 데리고 탄 어머니를 마주친 적이 있습니다. 아이 한 명은 아기 띠로 안고 있었고 두 명은 손을 잡고 있었습니다. 몇 층까지 가는지 물으니, 확실하지는 않지만 3층이라고 말씀하시며 아이들에게 "만약에 틀렸다고 해도 엘리베이터 타면서 재밌게 가자."라고 말했습니다. 아이 셋을 데리고 외출하면서도 평정심을 잃지 않고, 시간에 쫓기지도 않는 모습에 대단한 어머니라고 느꼈습니다.

우리는 무조건 성공해야 하고, 실패하면 큰일이 날 것 같은 압박감을 견디며 삽니다. 그러나 그 어머니의 말씀처럼, 실패했더라도 그 과정을 즐겼으면 충분하다고 스스로를 다독입시다. 성패 여부에 상관없이, 그 과정을 즐길 수 있을 때까지 반복한다면 언젠가는 정말로 여유로운 마음이 생길 것입니다.

외국인 남편 덕분에 배운 자존감 대화법

무조건 성공해야 해. 실패하면 큰일이야!

→ 실패하더라도 그 과정을 재밌게 즐기면 충분해.

어차피 무언가를 해야 하는 상황이라면 또는 이미 상황이 벌어졌다면, 긍정적인 면에 집중해보세요. 최악의 상황에도 긍정적인 면을 볼 수 있도록 준비해야 합니다.

예를 들어, "아이고, 그 오랜 시간을 어떻게 기다리냐." 하며 답답한 마음이 든다면 "와, 그 시간 동안 무엇을 할 수 있을까? 내가 할 수 있는 재미있는 일이 무얼까?"라는 말로 바꿔보세요. 잠이 오지 않는 밤, "내가 왜 그랬을까…."라며 후회하기보다는 "이번 일을 기회로 삼아 다음에는 이렇게 해야지."라며 구체적인 계획을 세울 수도 있죠.

외국인 남편 덕분에 배운 자존감 대화법

○ 아이고, 그 오랜 시간을 언제 다 기다리냐.

→ 그 시간 동안 뭘 하면서 기다릴까? 내가 할 수 있는 재밌는 일이 뭐가 있을까?

○ 내가 왜 그랬을까….

→ 이번에는 내가 부족했네. 다음에는 ~게 해야지!

현재 처한 상황이 짜증스럽거나 상대에게 잔소리하게 되는 등 부정적인 생각이 든다면, 이 감정도 이해하고 건전하게 해소하는 것이 중요합니다. 그러고 나서 내가 하고 싶은 것과 할 수 있는 것을 찾기 위한 질문을 나와 상대에게 건네며, 불만족스러운 상황에서 빠져나오는 첫걸음을 뗄 수 있어야 합니다. 문법을 조금만 바꿔보겠습니다. 미래 시제를 사용하여 긍정문으로 작문하고, 문장에서 부정 부사와 부정어를 제거한 문장으로 만드는 것입니다.

외국인 남편 덕분에 배운 자존감 대화법

○ 왜 안 될까? 나만 뒤처지는 것 같아.
→ 나의 꿈을 이루기 위한 과정이야.
→ 나는 최선을 다하고 있어.

○ 나는 망했어!
→ 이제는 더 잘할 수 있어!
→ 이제라도 알게 되어 다행이야.

○ 나는 지금 최악이야!
→ 앞으로 더 나아질 거야.
→ 앞으로 더 나아질 일만 남았어.

○ 삶에 의미가 없어. 나는 왜 살까?
→ 나는 어떤 삶을 살고 싶은 걸까?
→ 나는 어떻게 하고 싶을까?

○ 어떻게 살아야 맞는 걸까?
→ 내가 어떻게 살고 싶은 걸까?

둘째, 나와 나의 행동을 분리합니다

세상에는 힘든 상황에 분노를 표출하는 사람도 있지만, 불리한 상황에서도 이성을 잃지 않고 자신의 상황을 객관적으로 파악해 최선을 선택하는 사람도 있습니다. 스트레스받는 상황에도 예의 있게 대화하고, 감사함을 표현하는 사람도 있습니다. 이들이 힘든 상황에도 자신을 통제할 수 있는 이유는 무엇일까요? 바로 내가 원하는 게 무엇인지 정확히 알고, 내가 어떻게 말하고 행동해야 원하는 결과를 얻을지 알기 때문입니다. 같은 말이라도 결과를 염두에 두고 최대한 긍정적으로 말하는 것입니다. 우리는 남과 비교하거나 남을 깎아내릴 필요 없이, 나를 중심에 두고 내가 원하는 것을 설명할 수 있어야 합니다.

업무상 실수를 저지른 회사 후배를 탓하고 나무란다면 이는 나를 까다로운 선배로 만드는 것입니다. 반대로 후배의 실수를 얼른 수습하고 위로의 말을 건넨다면 나를 관대하고 포용력 있는 선배로 만드는 것이죠. 나도 어쩔 줄을 몰라 무엇도 할 수 없다면, 그냥 아무 말도 하지 않는 게 도움이 될 수도 있습니다.

웹툰 〈가우스 전자〉에는 이사님의 호통을 과장님이 '통역'하는 내용이 있습니다. 이사님이 "이걸 일이라고 한 거야? 이래서 물건 팔아먹을 수 있겠냐고? 매출이 인격이란 말 몰라? 이렇게 일하고 월급 받으니까 월급 도둑 소리가 나오지!!"라고 소리질렀는데, 과장님이

"소비자를 감동시켜서 매출 신장을 이뤄내는 게 우리가 월급을 받는 이유라고 말씀하시네."라고 정리해 주었습니다. 부하 직원에게 부정적인 언행을 반복하지 않고도 요점을 부드럽게 전달하는 과장님의 마음이 느껴집니다.

예를 들어보겠습니다. 한 직원이 보고서를 제출하지 않아 프로젝트 진행이 안 될 경우에는 어떻게 말해야 할까요? "○○씨, 일주일 넘게 보고서를 기다리고 있어요. 보고서가 없어서 프로젝트도 늦춰지고, 동료들에게 피해 가고 있는 거 아시죠? 내일 아침까지 무조건 제출하세요."라는 상명하복의 명령조보다는 "저는 우리 프로젝트가 성공하길 바라요. 우리가 최선을 다한 만큼 임원에게도 좋은 평가를 받을 거예요. ○○씨가 맡은 부분이 정말 중요한 부분이니 얼른 읽어보고 싶어요. 내일 아침까지 준비해주세요. 고마워요!"라는 격려의 말이 효과적입니다. 직원의 열심히 하고자 하는 의지를 이끌어 낼 수도 있습니다.

외국인 남편 덕분에 배운 자존감 대화법

○○ 씨 보고서를 일주일 넘게 기다리고 있어요. 보고서가 없어서 프로젝트도 늦춰지고, 동료들에게 피해 가고 있는 거 아시죠? 내일 아침까지 무조건 제출하세요.

→ 저는 우리 프로젝트가 성공하길 바라요. 우리가 최선을 다한 만큼 임원에게도 좋은 평가를 받을 거예요. ○○씨가 맡은 부분이 정말 중요한 부분이니 얼른 읽어보고 싶어요. 내일 아침까지 준비해주세요. 고마워요!

또 다른 예로, 남녀의 '동일 노동, 동일 임금'을 주장하고 싶다면, 남녀 차별에 근거하기보다 나의 전문성과 성과에 근거를 두는 게 타당합니다. "여성이 남성보다 낮은 임금을 받는 것은 불공평하다. 동일 노동, 동일 임금! 남자와 여자에게 똑같은 보수를 지급하라!"라는 주장은 사실 여성이 받는 보수를 남성이 받는 만큼 올리라는 의미인데, 회사에서 남성이 받는 보수를 여성이 받는 만큼 내려버리면 그 투쟁의 목적이 사라지는 불상사가 생기니까요.

그러므로 "나는 내 업무에 전문가이고 항상 최선을 다해 헌신적으로 일하고 있다. 회사를 위해 이러이러한 성과를 내고 있으므로, 얼마의 연봉을 받을 가치가 있다."라고 강조하는 게 어떨까요?

외국인 남편 덕분에 배운 자존감 대화법

여성이 남성보다 더 낮은 급여를 받는 것은 불공평하다. 동일 노동, 동일 임금! 남자와 여자에게 똑같은 보수를 지급하라!

→ 나는 내 업무에서만큼은 전문가이고, 항상 헌신적으로 일하고 있다. 회사에서 ~만큼의 성과를 내고 있으므로, ~의 연봉을 받을 가치가 있다.

셋째, 나와 나의 말을 분리합니다

여기서 별표 백 개를 달 정도로 중요한 점이 있습니다. 문장을 만들 때 그 문장의 주체를 '나'로 두는 것입니다. 주어만 나로 두고 문장의 주체를 다른 사람에게 두면, 그것은 나를 위한 것이 아닙니다.

"나는 남편이 이렇게 하길 원해."라는 문장을 보자면, 주어는 나지만 문장의 주체는 남편입니다. 즉, 남편이 무언가를 해야 문장이 현실화합니다. 남편에게 의지하는 것이 나의 희망이고 나의 꿈은 아닐 것입니다. 그러므로 이럴 경우에는 '내가 왜 남편이 이렇게 하길 원하는지'에 대해 생각해야 합니다. 내가 주체인 문장을 만드는 게 핵심입니다. 예를 들어, "나는 남편이 사랑을 표현하지 않아서 결혼생활이 불행해."라는 수동적 문장이라면 "나는 행복한 결혼생활을 원해. 그러기 위해 나는 사랑을 많이 표현할 거야."라는 능동태로 바꾸는 것입니다. 작은 차이지만, 주체성을 되찾는 것만으로도 나의 가능성을 열어둘 수 있습니다.

외국인 남편 덕분에 배운 자존감 대화법

○ 나는 남편이 자상하고, 사랑 표현을 많이 해줬으면 좋겠어.
→ 나는 남편에게 사랑 표현을 많이 해줄 거야.

○ 나는 남편이 바람 피지 않고 나만 바라보면 좋겠어.
→ 나는 남편과 서로 충실한 결혼생활을 원해.

○ 나는 남편이 나를 존중해주면 좋겠어.
→ 나는 존중받을 가치가 있는 사람이야.

내가 하는 생각, 행동, 말의 중심을 오롯이 나에게 두어야 합니다. 상대를 탓할 수도 있고 환경이 잘못되었다고 변명할 수도 있지만, 관점을 바꿔 새로운 시각으로 현재 상황을 바라볼 수 있어야 합니다. 내가 원하는 상황을 위해 다른 누구도 아닌 내가 할 수 있는 일, 내가 하고 싶은 일을 찾아갑시다.

내가 일관되고 단호하게 내 입장을 밝혀 상대에게 나의 결정을 존중할 기회를 주었나요? 아니면 소극적이고 간접적으로 나의 의사를 내비치기만 했나요? 상대가 눈치도 없고 센스도 없어서 제대로 알아듣지 못했다면, 우리는 직접적으로 나의 의사를 밝혀서 상대에게 말이 통할 기회를 주어야 합니다. 그렇게 우리의 관계를 긍정적인 대화를 할 수 있는 관계로 변화시켜야 합니다.

그리고 상대의 반응은 상대의 몫입니다. 내가 관여할 필요도, 책임질 필요도 없는 상대의 선택이므로 그것도 존중해야 합니다.

서술형 문제

1. 과거에 멈춰 후회하거나, 현실에 갇혀 답답한 적이 있나요? 어떤 상황이었는지 써보세요.

2. 위의 상황에서 내가 원하는 결과는 무엇이었는지 긍정문으로 표현해봅시다. 미래를 위해 어떻게 생각하고 어떻게 말하는 것이 좋을지 실행 가능한 방향으로 서술해보세요.

거절해도 괜찮습니다

기분 상하지 않게 거절하는 방법을 묻는 사람이 많습니다. 그러나 한 가지 짚고 넘어갑시다. 거절의 상황에서 기분이 나쁘거나 상처받는 사람은 누구일까요? 거절당하는 사람도 기분이 상할 수 있지만, 사실 거절하는 사람도 상대의 반응에 따라 기분이 상하기도 합니다. 그러므로 이 질문은 내가 거절하는 상황에서 죄책감을 느끼지 않고 거절하는 법을 알고 싶은 거죠.

다시 생각해봅시다. 나는 왜 거절하면서 죄책감을 느낄까요? 나는 왜 나의 감정보다 상대의 감정을 우선시하며 눈치를 볼까요? 나는 왜 나의 자유 의지와 기본 권리를 상대에게 휘둘리게 놔두는 걸까요? 우리는 왜 시부모님이나 상사의 말을 거역하지 못한다고 생각할까요?

상대가 원하는 것은 상대의 선택이고, 상대가 바라는 것을 표현하는 것 역시 상대의 선택입니다. 가끔 상대의 요구에 '내가 이렇게까지 했는데 뭘 더 바라? 사람이 염치가 있어야지.'라는 생각이 들 수도 있습니다. 아무리 그래도 상대는 자신이 원하는 것을 표현할 자유가 있습니다. 법에 걸리는 것도 아니죠.

반대로 내 행동, 내 의지, 내 감정 또한 나의 선택입니다. 나에게는 상대의 요구를 들어줄 의무가 없습니다. 나에게 의무가 있다면 그것은 나 자신을 존중하는 거죠. 내가 나를 존중하고, 내가 나를 위해 가장 좋은 선택을 해야 합니다. 그러므로 상대의 요구를 들어준다면, 진심으로 우러나는 마음으로 내가 해줄 수 있는 만큼 최선을 다해 들어주면 됩니다. 그 진심을 표현하고, 내가 최선을 다했다는 걸 알면 그것만으로도 의미가 있습니다. 그렇게 서로에게 진심을 전할 수 있는 관계라면 그걸로 충분합니다.

나의 최선에 상대의 반응은 그 사람의 선택이고, 그 사람의 몫입니다. 그들의 반응은 그들의 카르마가 되고, 나의 반응은 나의 카르마가 됩니다. 내가 최선을 다했는데도 상대가 실망하거나 부족해한다면 그것은 내 책임이 아닙니다. 내가 해주고 싶어도 못 해주는 상황을 이해하고 감싸주는 사람이 진정으로 가치 있는 관계일 것입니다.

중요한 것은 내가 어떻게 생각하는가입니다. 내 삶의 자기 결정권과 주체성을 존중합시다. 타인이 나를 존중해주기를 바란다면 어느 세월에 될지 모릅니다. 그 전에 내가 나를 존중해주는 게 더 빠릅니다.

나는 회사에서 만능 직원일 필요도, 가정에서 완벽한 며느리일 필요도 없습니다. 회사에서는 내가 맡은 일을 충실하게 해내면 월급 받는 값은 하는 것입니다. 가정에서도 내가 남편과 혼인 관계를 유지하는 한 어차피 며느리죠. 그러므로 굳이 하기 싫은 일을 억지로 할 필요는 없습니다. 남의 시선을 신경 쓰지 않아도, 남이 정한 기준에 맞추지 않아도 됩니다. 굳이 나를 희생하지 않아도 되며, 굳이 상처받지 않아도, 스트레스받지 않아도 됩니다.

내가 할 수 있고, 하고 싶은 범위 밖의 일들은 모두 거절해도 괜찮습니다. 내가 원하지 않는다면 해야 할 의무는 없습니다. 나의 선택, 나의 의견, 나의 감정을 존중하며 내가 주체라는 사실을 기억하세요.

단, 거절할 때는 나의 의사를 정확히 표현해야 합니다. 거절하기 껄끄럽다고 연락을 끊거나, 억지로 부탁을 들어주기보다는 나의 상황을 잘 설명하는 게 현명합니다. 도로 위에서 차선을 바꿀 때 깜빡이를 켜는 것처럼, 내가 어떻게 할 거라고 분명히 알리면 됩니다. 부정문이 아닌 긍정문으로, 미래 시제로 앞으로 일어날 사건에 집중해 내 의사를 분명히 전달해보세요.

외국인 남편 덕분에 배운 자존감 대화법

저는 ~할 거예요.

→ 제가 결정할게요.

→ 제가 할 수 있는 것을 할게요.

→ 제가 할 수 있는 한 최선을 다할 거예요.

→ 저는 최선을 다했어요.

만약 상대가 내 거절 의사에 화를 낸다면 그 순간을 잘 넘겨야 합니다. 공손하고 예의 바르게, 상냥한 목소리로 평정심을 유지하며 원하는 것을 알려주세요. 상대의 요구 사항을 들었다는 것을 알리고, 내가 해줄 수 있는 것을 알리고, 그것을 받아들이지 못한다면 더는 도울 수 없다는 것을 알리면 충분합니다.

내 감정과 그 이유를 설명하지 않아도 괜찮습니다. 내 감정은 내가 느끼는 그대로 정당하며, 내가 어떻게 느끼는지는 그들의 허락을 구할 필요가 없기 때문이죠. 구구절절 설명하지 않아도 됩니다. 우리는 상대의 의견을 존중하면서 동시에 내 인생의 주체성과 자주성을 지킬 수 있습니다.

외국인 남편 덕분에 배운 자존감 대화법

- 의견 말씀해주셔서 감사해요.
- 말씀해주신 것 잘 들었습니다.
- 그것도 하나의 방법이에요. 고려해볼게요.

연습 문제

다음 문장을 능동문으로 작문하세요.

1. 못해.

① 이런 환경과 조건이면 할게.
② 이걸 하려면 ~게 필요해.
③ ______________________________

2. 네가 틀렸어. 네가 바뀌어야 해.

① 나는 ~게 생각해.
② 네가 ~게 하면, 나는 ~게 할 거야.
③ ______________________________

3. 그걸 말이라고 해?

① 너의 의견을 존중해.
② ______________________________
③ ______________________________

4. 짜증내지 마!

① 네 기분을 이야기해줄래?
② 네 생각이 듣고 싶어.
③ ______________________________

5. 그게 될 거라고 생각했어? 네가 ~했어야지.

① 좋은 발상이었는데 잘 안되어서 유감이야.
② 우리 함께 방법을 찾아보자.
③ ______________________________
④ ______________________________

6. 네가 어떻게 나한테 이럴 수 있어?

① 넌 그렇구나. 너는 그렇게 느끼고 생각하는구나.
② 그 선택이 널 위한 최선이었듯이, 나는 나를 위한 최선을 선택할 거야.
③ ______________________________
④ ______________________________

7. 너는 왜 내 이런 노력을 몰라줘?

① 네가 원하는 게 뭔지 알려줄래?
② 내 노력이 너에게 도움이 되면 계속하고, 도움이 안 된다면 그만할게.
③ ______________________________
④ ______________________________

PART 3

자존감 대화를 위한 불순물 거르기

악순환의 고리 끊기

이번 단원에서는 3인칭 관찰자 시점, 1인칭 주인공 시점, 전지적 작가 시점으로 상황을 파악하면서 내가 설정해 둔 한계를 뛰어넘는 도전을 해볼 것입니다. 내 생각의 시발점은 무엇인지, 나의 고정관념은 무엇인지 등을 탐구하는 시간을 가지면 알을 깨고 나와 더 큰 세상을 누빌 수 있습니다.

우리는 예상하지 못한 일이나 감당하기 힘든 일이 생기면, 자연스럽게 원인을 찾습니다. 그런데 여기에는 함정이 있습니다. 상대가 이유를 설명해도 나에게 '납득'이 안 되면 이해할 수 없고, 상대가 사과해도 나에게 '진심'이 느껴지지 않으면 받아들이기 어렵다는 것입니다.

사실 답은 나에게 있습니다. 이 악순환의 고리를 끊는 방법은 상대의 이유와 진심을 내가 판단하지 않고, 내가 주체적으로 할 수 있는 일을 찾는 것입니다. 이유를 인정하든 안 하든, 사과를 받든 안 받든, 내가 그 사건의 피해자로 남지 않고 앞으로 나아갈 방법을 찾아야 합니다.

인터넷에는 하루에도 수백 건씩 고민이 올라옵니다. "이 사람은 이것만 빼면 완벽한데 고칠 수 있을까요?", "행복하지 않아요. 이렇게 사는 게 맞을까요?", "누구의 잘못인가요? 이런 행동이 정상인가요?"와 같은 고민입니다. 이렇게 많은 사람이 자신의 문제를 스스로 해결하지 못합니다. 바꿔 말하면, 행복하게 살고 싶은데 구체적으로 무엇을 해야 행복할지 모를 수도 있습니다. 그러니 모르는 사람에게까지 간절한 마음으로 도움을 청하는 거겠죠.

가끔 우리는 내 마음이 편하기 위해 상대의 배려를 바라고는 합니다. 이런 경우 상대가 기꺼이 나를 위해 행동을 바꿔준다면 싸울 일이 없습니다. 그러나 상대에게는 그간 살아온 습관이 있습니다. 하루아침에 모든 걸 바꿀 수는 없겠죠. 이 과정에서 바뀌지 않는 상대의 행동 때문에 내 마음이 불편하다면 어떻게 해야 할까요?

이럴 때는 내가 어떻게 생각하는지, 궁극적으로 무엇을 원하는지, 내가 어떤 말을 해야 상대가 원하는 반응을 보일 수 있는지 등을 스스로 묻고 답하는 시간을 갖는 게 바람직합니다.

첫째, 나와 상대를 분리합니다

타인을 인정하고 존중하는 일에는 엄청난 노력이 필요합니다. 지금까지 지켜온 믿음, 신념, 상식선이 허물어지며 나의 존재를 부정당하는 느낌이 들 수도, 옳고 그름이나 선과 악의 기준을 깨부수는 상대의 언행에서 위협감이 느껴질 수도, 나의 세계관과 가치관의 근본이 뒤흔들리는 압도적인 경험을 할 수도 있습니다. 그 상대가 나와 매우 가까운 사람이라면, 관계를 지키려다 나 자신을 잃어버린다는 느낌이 들 수도 있습니다. 따라서 우리는 이 순간에 나와 상대를 분리해야 합니다.

우리는 하나, 우리는 일심동체, 너는 내 것이고 나는 네 것이라고 믿었다면 이런 낡은 사고방식을 버립시다. 우리는 동시대를 살아가지만, 나는 나의 시점으로 세상을 살아가고, 상대는 상대의 시점으로 그만의 인생을 살아갑니다. 우리는 개인의 인격권과 기본권을 존중해줄 의무가 있습니다. 가족, 친구, 연인, 부부 사이 모두 독점적이거나 소유하는 관계가 아닙니다. 오히려 곁에 있을 수 있는 특권이 있는 관계죠.

우리는 한 몸이 아닙니다. 우리는 언제든 따로 갈 수 있지만, 지금은 함께하기 위해 노력하는 사이입니다. 보폭도 다르고 걷는 속도도 다르고 목적지도 다르지만, 지금은 서로를 사랑하기에 같은 길을 가고 있습니다. 내가 상대에게 어떤 동반자가 되어주고 싶은지 고민해봅시다. 우리는 상대에게 시간을 내어줄 수도, 기다려줄 수도, 발걸음을 맞춰 함께 걸을 수도 있습니다.

우리는 한배를 탄 게 아닙니다. 각자의 배에서 내 손으로 노를 저으며 가는 이상 우리는 언제든 자신을 위한 선택을 할 수 있습니다. 나에게 선택권이 없다고 느껴진다면 그건 상대의 등에 올라타 채찍질하고 있거나, 상대가 가자는 방향으로 끌려다닐 때입니다.

우리는 한마음이 아닙니다. 내가 가는 길을 정확히 알고 가야 합니다. 함께하는 동안 각자 하고 싶은 일과 꿈꿔오던 일을 응원하고 성장의 원동력이 되어주는 그런 관계가 이상적일 것입니다.

3인칭 관찰자 시점으로 상대를 바라보세요. 상대의 사상이나 행동이 내 마음과 같지 않더라도 받아들이고 허용할 수 있어야 합니다. 그 사람의 시각, 그 사람의 세상, 그 사람의 가치관, 그 사람의 말과 행동 모두 그만의 것이므로 존중할 수 있어야 합니다.

상대를 인정한다고 해서 그의 의견에 무조건 동의하는 것은 아니며, 그에게 맞춰 나를 바꿀 필요도 없습니다. 나에게는 나의 의견을 고수할 자유가 있습니다. 그냥 나는 이만큼 받아들일 수 있고, 나는 이 정도를 이해할 수 있다고 이야기해보세요. 여기까지면 충분합니다. 나와 상대가 다른 방향으로 세상을 보고 있었다면, 내가 상대를 인정한 만큼 나의 시야도 넓어집니다.

둘째, 나와 상황을 분리합니다

우리나라는 국민 정서나 사회적 통념, 보편적이고 기본적인 상식 등의 개념이 잘 정의되어 있습니다. 그러나 현실은 이분화되어 있지도 않고, 선과 악이 명확하지 않을 때도 있습니다. 이렇게 상대가 나와 너무 다르고, 상황이 도무지 이해되지 않을 때는 중심을 나로 두고 사건을 봅시다.

1인칭 주인공 시점으로 나를 바라보세요. 이 모든 과정을 나를 잘 알기 위한 과정으로 접근해야 합니다. '나는 어떻게 생각할까, 나는 왜 이게 옳다고 생각될까?' 하며 스스로 묻고 답할 시간을 가져야 합니다. 예를 들어, '그가 믿을만한 사람인가?'라는 의문과 확인하고 싶은 마음은 '내가 그를 믿고 싶은가?'라는 뜻입니다. '어떻게 저런 말을 하지? 정말 예의 없는 사람이다.'라는 생각이 들면 '내가 듣고 싶었던 말은 무엇이었을까?' 또는 '나는 저 사람이 하는 말의 어떤 부분에서 상처를 받을까?'로 바꾸어 고민하면 원하는 상황을 구체화할 수 있습니다.

외국인 남편 덕분에 배운 자존감 대화법

○ 그는 믿을만한 사람인가?

→나는 그를 믿고 싶은가?

○ 어떻게 저런 말을 할 수 있지?

→내가 듣고 싶은 말은 무엇인가?

→그가 하는 말의 어떤 부분이 나에게 상처가 되는가 ?

○ 어떻게 저럴 수가 있지?

→나는 왜 그를 받아들이기 힘든가?

→내가 원하는 상대의 행동은 무엇인가?

저는 앞뒤가 다른 사람이 상당히 불편했습니다. 그것은 사람은 일관성이 있어야 한다는 저의 믿음에 기인합니다. 그리고 앞뒤가 다른 사람을 믿기 힘든 이유는 배신당할까 두려워서입니다. 하지만 상대의 입장에서는 자신에게 가장 좋은 선택을 하고, 원하는 일을 할 권리가 있습니다. 단지 그의 선택이 저에게 유리하거나 불리하게 작용할 뿐이지, 그를 배신자라고 단정 지을 수는 없죠.

상대에게 원망스러운 마음이 든다면 한 번쯤 고민해봅시다. 내가 상대에게 바라는 소망이 이루어지지 않았기 때문에 상대를 부정적으로 평가하지는 않았나요? '사람은 절대로 그러면 안 된다, 사람은 이래야 한다' 등의 강박에 내가 상황을 잘못 본 것일 수 있습니다.

나의 감정 기복과 나만의 환상, 기대에 빠져 상대의 진정성을 평가한 것입니다.

그러므로 상황에서 나를 분리해야 합니다. 나는 그 상황이 어떻게 흘러가야 한다고 믿었는지, 상대가 어떤 반응을 보여야 한다고 믿었는지 그리고 내가 왜 그렇게 믿게 되었는지를 알아야 합니다. 다음은 상대에게 한 원망의 말을 나에게 하는 질문으로 변경한 것입니다.

외국인 남편 덕분에 배운 자존감 대화법

○ 네가 어떻게 나한테 이럴 수 있어!
→나는 상대가 어떻게 반응하길 바랐을까?

○ 어떻게 약속을 어길 수가 있어!
→나는 왜 상대가 반드시 약속을 지킬 거라고 믿었을까?

○ 사랑이 어떻게 변하니!
→나에게 상대가 변하지 않았으면 좋겠다는 바람이 있었구나.

간혹 상대가 상식 밖이라 인정할 수 없고 존중할 수 없다고 말합니다. 그러나 그것은 우리의 착각입니다. 납득할 이유는 없으며, 상대가 설명하는 이유를 내가 납득할 필요도 없습니다. 상대의 감정은 그의 선택이며, 나에게는 용납할 범위 내에서만 인정할 수 있는 한계가 있을 뿐입니다. 그걸 알아차리는 그 순간이 나의 시야를 넓히고, 나의 그릇을 키울 기회입니다.

셋째, 나와 나의 말을 분리합니다

우리의 모든 감정은 타당하고 자연스럽습니다. 올라오는 감정을 통제할 필요가 없습니다. 사실 통제란 불가능합니다. 우리가 할 수 있는 건 올라오는 감정을 알아차리고, 인정하고, 받아들이고, 충분히 느끼는 것이죠. 그러나 그 감정을 어떻게 표현하는가는 다른 문제입니다. 나의 감정을 통제할 필요는 없지만, 내가 감정을 보여주는 방식은 결정해야 합니다. 건강하고 건전한 방식으로, 나의 존엄성을 해하지 않는 방법으로, 우아하고 차분하게 표현할 수 있도록 연습해야 합니다.

전지적 작가 시점으로 상황을 바라보고 꼭 필요한 말만 합시다. 물론, 상황은 내가 생각하고 계획한 대로 흐르지만은 않습니다. 예상치 못한 순간에 인내심이 끊기고, 감정조절이 되지 않아 급발진하기도 합니다. 우리가 할 일은 그에 대한 대비책을 마련하는 것입니다. 가장 이상적인 모습으로, 내 영화의 주인공 속 모습으로 나 자신을 지킬 수 있도록 말이죠.

나의 상태를 알아차리고, 나의 감정, 태도, 언행에 책임지는 것이 진정한 자존감을 높일 방법입니다. 상대에 따라 반응하는 게 아니라, 나의 가치관과 기준에 따라 행동하고 내 소관에 최선을 다해야 합니다. 내가 버린 쓰레기를 내 손을 치우고, 내가 가는 길을 내 손으로 깨끗이 닦아야 하죠. 원하는 것을 스스로 이루는 게 진정한 독립, 궁극적 자립이 아닐까 합니다.

사람들이 흔히 하는 말이 있습니다. "그 정도 노력도 안 하고 무슨 연애를 한다고 그래?", "결혼했으면 변하려는 의지라도 보여야지!" 등의 말입니다. 곰곰이 생각해봅시다. 상대를 사랑하는 방법이 나를 억지로 고치고, 나의 의지와 욕망을 희생하면서 맞추는 건가요? 만날 때마다 이걸 고치고 저걸 고치면서 상대가 화내거나 실망할까 봐 안절부절못하는 관계인가요? 이러다 보면 왜 나만 노력하는지 억울하고 분한 마음이 들기 마련입니다.

이런 악순환을 끊기 위해서는 둘 중 하나가 노력해야 합니다. 목마른 자가 우물을 파듯, 더 용기 있고 더 마음이 넓은 사람이 노력해야 합니다. 우리는 사소한 감정싸움보다는 평화를 선택할 줄 아는 사람, 내가 옳다고 증명하기보다 상대의 감정을 헤아릴 줄 아는 사람, 당장 눈앞의 다름에 집착하기보다 장기적으로 보고 관계를 소중하게 여길 줄 아는 사람이 되어줄 수 있습니다. 나를 쌈닭으로 만들지, 부처로 만들지 모두 나의 선택입니다.

인생에 단 하나의 정답이 있는 게 아니므로 모두 희생하면서까지 맞춰 사는 건 아니라고 생각합니다. 그렇다면 모두가 불행한 사회가 되겠죠. 우리가 평화롭게 공존하는 방법은 단순하게 서로의 독립된 존재를 인정하는 것뿐입니다. "쟤는 저래." 끝. 쟤의 자유를 인정해줍시다. 특히, 쉽게 떠나버릴 수 없는 관계라면 더 이해하고, 포용하고, 배려할 기회가 아주 많을 것입니다.

수없이 노력했는데도 우리의 목적지가 다르다면, 그 사실을 받아들일 수 있을 정도로 나의 감정과 선택을 존중해주세요. 각자의 길을 인정하고, 편안히 보내주는 것도 방법입니다. 그는 그의 길을, 나는 나의 길을 가는 것입니다.

서술형 문제

1. 공부, 취업, 결혼 등에 대한 압박감을 느끼거나, 상대에게 배신감 혹은 실망감을 느낀 적이 있나요? 경험을 이야기하고, 그 안에서 궁극적으로 내가 원한 것은 무엇이었는지 써보세요.

2. 위의 감정을 건강하게 해소할 방법은 무엇일까요? 나의 기준, 나의 소관을 생각하며 써보세요.

떡볶이로 스트레스를 푸는 사람들

"나한테 아무리 스트레스 줘 봐라. 내가 떡볶이로 다 풀지."라는 문장을 본 적이 있습니다. 그만큼 우리나라 사람에게 떡볶이는 소울 푸드인 것 같습니다.

스트레스를 해소하기 위해 무언가를 한다는 건 정말 좋은 생각입니다. 내가 처한 상황에 대해 부정적인 감정을 쌓아두기보다 그때그때 풀면서 내 마음을 다독이는 건 무척 고무적인 일이죠. 하지만 문득, 이런 단순한 문장에도 나를 스트레스받는 사람이라고 무의식적으로 정의 내려버린 것은 아닌지 싶었습니다. 우리의 관계를 가해자와 피해자의 프레임에 가두는 게 아닐까 하고 말이죠. 나에게 스트레스 줘봤자 내가 안 받을 수도 있는 건강한 정신 상태를 갖는다면 얼마나 좋을까요?

그리고 한 번쯤은 스트레스받는 근본적인 이유는 무엇인지, 과거 나의 어떤 경험이 나의 스트레스 반응을 촉발하는지, 앞으로 이런 일을 의연하게 넘길 방법은 무엇인지를 고민해볼 필요가 있습니다. 당연히 스트레스는 떡볶이로라도 푸는 게 좋습니다. 그러나 '스트레스받으면 떡볶이로 푼다'라는 명제보다는 아예 스트레스라는 인풋을 제거해버리면 떡볶이를 조금 더 맛있게 먹을 수 있지 않을까요? 그러면 과식하지 않아도 되고, 속이 쓰릴 일도 없을 것입니다.

스트레스인 관계에 매몰되어 있기보다 그 관계를 이어갈지 말지 선택할 수 있다는 걸 인지하면 마음이 편합니다. 상대는 스트레스 제공자이고 나는 스트레스 수용자라는 관계를 유지하고 싶은지, 그 관계를 개선하고 싶은지 또는 관계 밖으로 나오고 싶은지 모두 내가 결정할 수 있습니다.

스트레스받고 싶지 않다면 상대가 주는 부정적 자극에 기분을 망치지 않고, 우아하고 차분하게 마음을 유지하는 게 좋습니다. 어쩌면 상대는 최선을 다해서 자신의 마음을 표현하는 것일 수도 있어요. 사람의 마음을 움직일 더 나은 방법을 모르기 때문에 부정적인 말과 행동을 계속할 수도 있습니다.

물론, 말처럼 쉽게 안 되니 떡볶이로라도 풀 것입니다. 그래도 나는 내가 할 수 있는 것을 주체적으로 생각해내는 연습을 해야 합니다. 상대가 상식적이지 않다고 해서, 남에게 피해를 준다고 해서 잘잘못을 따져 그를 원망하기보다는 내가 주체적이고 자유로울 방법을 찾아 실천하고, 반사 작용처럼 자연스럽게 긍정적인 방향으로 생각할 때까지 연습하는 게 좋습니다.

미국의 한 초등학교에서 저학년 아이들에게 감정 표현 단어를 알려주는 수업이 저에게는 매우 인상 깊었습니다. 감정 조절이 미숙한 어린아이들은 불안을 느끼거나 불편한 상황에 놓이면 폭력성을 보이기도 합니다. 이럴 때 여러 감정 표현 단어를 알려주고, 자신의 상황을 말로 표현하게 하면, 폭력을 사용하지 않고 말로 해결하는 법을 알게 됩니다. 이런 교육은 감정 표현이 서툰 성인에게도 필요한 교육입니다.

한국에 살았을 때 저에게는 거의 모든 일에 규칙이 정해져 있었는데, 감정 표현도 마찬가지였습니다. 예를 들어, '화난다, 짜증 난다, 슬프다' 등의 부정적 감정은 받아들여지지 않았고, '기쁘다, 행복하다'와 같은 긍정적 감정은 받아들여졌습니다. '노력하다, 성실하다, 공부하다'와 바람직하다고 여겨지는 행동도 적극적으로 받아들여졌죠. 정답으로 규정된 표현이나 행동에서 벗어난다면 표현조차 할 수 없었습니다. 이렇게 감정적으로 억압된 환경에서는 자신의 감정을 모른 채 자랄 확률이 높습니다.

우리에게는 자기감정을 정확히 알고 표현하는 능력, 원하는 걸 정확히 설명하는 능력, 할 수 있는 것과 하고 싶은 것, 해야만 하는 것을 구분하는 능력이 있어야 합니다. 감정을 표현하고, 공감받는 경험은 긍정적인 사고를 할 수 있는 시작이 되어줄 것입니다.

사주팔자, 혈액형, 별자리, MBTI 같은 각종 심리테스트로 나를 규정하지 말고 내가 되고 싶은 것에 집중합시다. 나의 가능성을 열어두고 나는 무엇이든 할 수 있는 사람이라고 믿으세요. 다른 사람의 승인, 허락, 인정을 좇는 게 아니라 내가 나를 알아주어야 합니다.

우리는 어떤 상황에서도 행복을 선택할 수 있습니다. 상처받거나 받지 않는 것도 나의 선택이고, 후회하거나 후회하지 않는 것도 나의 선택입니다. 그러면 떡볶이를 먹으며 충분히 행복을 음미할 수 있습니다.

연습 문제

상대를 있는 그대로 인정하고 존중하고, 내가 어떻게 반응하고 싶은지를 알아볼 차례입니다.

1. 내가 진정으로 바라는 것을 구체적으로 생각해봅시다.

· 나는 지금 이 상황을 어떻게 받아들이나요?
· 나는 지금 이 상황을 어떻게 받아들이길 원하나요?
· 나는 지금 어떻게 대처하고 있나요?
· 나는 지금 어떻게 대처하길 바라나요?
· 나는 회피하려고 하나요?
· 나는 회피하길 바라나요?
· 내가 할 수 있는 일은 무엇인가요?
· 내가 하고 싶은 일은 무엇인가요?

2. 상황을 객관적으로 바라보고 원하는 것을 생각해봅시다.

· 지금 이 상황을 문제라고 생각하나요?
· 문제라면 해결하고 싶나요, 해결하고 싶지 않나요?
· 지금 문제라고 생각하는 부분이 구체적으로 무엇인가요?
· 그 부분을 문제라고 생각하는 이유는 무엇인가요?
· 정적인 감정이 느껴진다면 근본적인 이유가 무엇인가요?
· 부정적인 감정을 어떻게 해소할 수 있을까요?
· 상대를 용서할 수 없다면 이유가 무엇인가요?
· 내가 원하는 것이 지금 얼마나 이루어졌나요?

· 내가 원하는 것이 전혀 이루어지지 않았나요?
· 내가 원하는 것을 위해 무엇을 해야 하나요?
· 내가 원하는 상황을 위해 이 상황을 어떤 시각으로 바라봐야 하나요?

3. 나의 고정관념을 생각해봅시다.

· 나는 왜 공부를 잘해야 한다고 생각했나요?
· 나는 왜 대학에 가야 한다고 생각했나요?
· 나는 왜 집 안이 깨끗해야 한다고 생각했나요?
· 나는 왜 치약을 밑에서부터 짜야 한다고 생각했나요?

4. 내가 믿어 의심치 않았던 것을 생각해봅시다.

· 나는 왜 결혼하면 행복할 것으로 생각했나요?
· 나는 왜 결혼하고 싶었나요?
· 나는 왜 남편과 평생 사랑할 것으로 생각했나요?
· 나는 왜 평생 결혼을 한 번만 한다고 생각했나요?
· 나는 왜 희생하면 상대가 고마워할 것으로 생각했나요?

5. 내가 착각한 건 없었을지 생각해봅시다.

· 나는 왜 남편이 결혼 후에 바뀌어야 한다고 생각했나요?
· 나는 왜 연인 사이가 독점적인 관계라고 믿었나요?
· 나는 왜 상대가 타인의 환심을 사면 안 된다고 생각했나요?
· 나는 왜 상대가 나에게 거짓말하면 안 된다고 생각했나요?
· 나는 왜 상대가 배신하지 않을 거라고 믿었나요?

· 나는 왜 상대가 배신하면 안 된다고 생각했나요?

· 나는 왜 어떤 실수는 용서할 수 없다고 생각했나요?

· 나는 왜 상대가 더 나은 사람이 되어야 한다고 느꼈나요?

· 나는 왜 내가 싫다고 하면 안 하는 게 정상이라고 믿었나요?

· 나는 왜 남녀 사이에 친구가 없다고 생각했나요?

· 나는 왜 모든 사람이 착할 거라 믿었나요?

· 나는 왜 모든 사람이 도덕적이어야 한다고 생각했나요?

· 나는 왜 당연히 무례한 행동을 하면 안 된다고 생각했나요?

Reading
_ 상대의 의도 파악하기

이번 단원에서는 대화의 문장, 행간, 맥락에서 상대가 말하고자 하는 바를 읽어내는 직독직해를 연습하겠습니다. 귀납적 추론이나 연역적 추론으로 나에게 가장 도움이 되는 방향으로 받아들일 방법을 찾고, 이 방식을 습관화할 수 있도록 다양한 상황에 대입하여 훈련해봅시다.

타인의 입장을 헤아리는 것은 사회생활의 기본입니다. 시험을 볼 때는 출제자의 의도를 파악해야 하고, 면접을 볼 때는 면접관의 의도를 파악해야 하죠. 상사의 업무 지시에도 이 일이 경영에서 어떤 역할을 하는지 큰 그림을 볼 줄 알아야 합니다. 대화에서도 마찬가지입니다. 화자가 말하고자 하는 의도를 찾아서 들어야 합니다. 물론, 상대의 의도를 완벽하게 파악하기는 외국어로 대화할 때만큼 어려울 것입니다. 그러나 이는 내가 부족하거나 모자라서가 아니라 그냥 나와 상대의 마음과 표현 방식이 다르기 때문입니다. 또한, 면접이나 시험에는 정답이 있지만 대화에는 정답이 없습니다. 그러므로 상대에게 의도를 묻거나, 다양한 답을 해도 괜찮습니다. 상대의 의견을 존중하되 나의 의견, 나의 바람도 공존할 수 있다는 걸 알아주세요. 내가 받아들이기 수월한, 나에게 도움이 되는, 내 마음이 편할 수 있는 방향으로 집중하면 됩니다.

다음 공식을 사용하여 내가 원하는 상황을 어떻게 표현할 수 있을지 함께 보겠습니다.

① 내가 상처받는 상황
② 상대가 의도한 내용 파악
③ 내가 중립적으로 할 수 있는 반응
④ 내가 해줄 수 있는 상대가 원하는 반응
⑤ 내가 원하는 상황 표현

첫째, 나와 상대를 분리합니다

타인과의 대화는 전혀 예상치 못한 방향으로 흐르기도 합니다. 의도하지 않게 서로에게 상처를 주거나, 오해가 생기기도 하죠. 그러나 이는 언어의 문제가 아니라, 서로 화가 나는 지점이 다르고, 의미를 해석하는 기준이 다르기 때문입니다. 그러므로 이해가 안 되는 부분이 있다면 바로 물어봐야 합니다. "나는 너의 행동이 ~게 느껴져. 왜냐면 ~하기 때문이야. 내가 제대로 이해한 게 맞아? 아니라면 어떤 이유로 그렇게 행동한 건지 알고 싶어."라고 말이죠. 상대를 탓하거나 공격하지 않고, 어떤 의도였는지 알고 싶다고 표현하는 것입니다.

외국인 남편 덕분에 배운 자존감 대화법

① **내가 상처받는 상황:** 너는 나를 사랑하지 않아!

② **상대가 의도한 내용 파악:** 나는 네 행동이 ~게 느껴져. 내가 이해한 게 맞을까? 아니라면 왜 이런 행동을 한 건지 알고 싶어.

상대의 진심이 무엇인지를 확인하는 과정은 필요합니다. 그래야 오해 없이 서로 전달하고자 하는 이야기를 들어줄 수 있습니다. 특히 가까운 사이일수록 상대의 의도를 넘겨짚지 말고 직접 설명을 들어야 큰 싸움으로 번지지 않습니다. 물론, 상대가 설명한 내용을 온전히 이해하고 받아들이기 어려울 수 있습니다. 나에게는 당연한 상식이 상대에게는 아닐 수도 있고, 나에게는 상상하지 못할 행동이 상대에게는 아무렇지 않은 행동일 수 있으니까요. 그래도 우리는 상대의 의도를 묻고, 답변 그대로를 인정해야 합니다. 외국어 문장 그대로를 직독직해하는 것처럼, 상대가 하는 말을 표면적인 의미 그대로 이해하는 것입니다.

여기서 중요한 것은 상대를 인정하고 존중한다고 해서 내가 상대의 의견에 찬성하고 동의한다는 뜻은 아니라는 것입니다. 많은 사람이 내 주장을 펼치지 않으면 상대가 내 마음을 몰라줄 거라고 여겨 더 강하게 입장을 피력합니다. 내 의견을 말하고 나를 보호하고자 하는 자연스러운 반응입니다. 하지만 나의 의견과 상대의 의견은 공존할 수 있습니다. 내가 상대의 의도를 받아들인다고 해서 내가 내 입장을 포기하는 게 아니라는 점을 꼭 기억하세요.

이는 상대도 마찬가지일 것입니다. 그러므로 상대가 나를 공격하는 것처럼 느껴져도 악의가 있다기보다, 타인이니까 서툰 것일 수도 있어요. 양쪽이 서로 같다면 둘의 대화는 어차피 평행선으로 이어지는 무의미한 논쟁이 계속될 게 뻔합니다. 상대의 선의를 인정해 내 선에서 악순환의 고리를 끊으세요.

둘째, 나와 상황을 분리합니다

저는 남편과 대화가 불가능하다고 느꼈을 때 '저 사람은 도대체 왜 그럴까?'를 고민했습니다. 대체 무엇을 원하는지, 무슨 의도로 그러는 건지 답답했죠. 남편의 행동으로 인해 상처받은 상황에서 저에게 가장 중요한 건 제 감정을 남편에게 알리는 것이었습니다. 남편도 무엇을 잘못했는지 알아야 개선할 수 있고, 현실을 파악해야 문제를 해결할 수 있다고 생각했기 때문입니다. 그런데, 제가 잘못 생각하고 있었어요. 나의 마음, 나의 생각, 나의 감정이 오롯이 나를 향해 흘러야 하는데, 타인을 이해한다는 명목으로 온 신경을 남에게 쏟고 있었죠.

상처를 주는 사람이 잘못이고 상처받은 나의 감정도 타당하지만, 내가 상대의 언행을 통제할 수 없다는 사실도 인정해야 합니다.

이제 통제할 수 있는 것은 나의 생각, 나의 말, 나의 반응입니다. 의식적으로 내 생각의 중심을 나에게 옮기는 연습을 해보세요. 그러면 상황이 다르게 보일 수 있습니다. '남편은 어떻게 그런 말을 할 수 있을까?'라는 생각에서 중심을 나로 옮겨 '나는 왜 이 대화가 상처일까?'로 바꿔 물어야 합니다. 주어를 나로 두고 문장의 주체성과 대화의 주도권을 나에게로 옮겨와야 합니다. 중립적인 반응을 보이기 위해 다음과 같이 질문해보세요.

외국인 남편 덕분에 배운 자존감 대화법

③ 내가 중립적으로 할 수 있는 반응:

○ 나는 왜 이 대화에서 상처받았는가?

○ 나는 이 말을 어떻게 받아들이고 있는가?

○ 나는 상대의 시비에 말려들고 싶은가?

○ 나는 상대의 말에 흔들리고 있는가?

○ 상대는 내가 어떻게 반응하길 바라는가?

○ 어떻게 해야 상대의 의도를 나에게 도움이 되는 방향으로 해석할까?

악순환의 고리를 끊고 싶다면 상대의 말을 나에게 도움이 되는 방향으로 받아들여야 합니다. 상대도 사람이라 상처받습니다. 그래서 상대도 나에게 상처받고 공격받아 당장 예쁜 말이 나오지 않을 것입니다. 그러니 내가 상대의 말에 꿀을 발라서 들어야 합니다.

상대가 딱 한 번, 나에게 좋은 의도를 보였다면 귀납적 추론으로 그 사건을 일반화하여 좋았던 의도를 믿어주세요. 반대로 상대는 원래 좋은 사람이라고 믿고 연역적 추론으로, 그는 좋은 사람이므로 지금의 언행 역시 좋은 의도라고 개별화해 받아들여도 좋습니다. 그러면 상대는 좋은 사람이라는 사실이 논증으로서 보편화한 지식이 됩니다.

남편이 상처를 줘놓고 제대로 위로하지 않는 경우를 생각해봅시다. 남편의 의도를 헤아려본다면, 남편은 나를 무시하려는 게 아니라 최선을 다해 나를 위로하고 있을 수도 있고, 내게 시비 거는 게 아니라 자기 마음을 미숙하게나마 표현하고 있을 수도 있습니다. 그러므로 그 마음을 이해하고 다음과 같이 말해줄 수 있습니다.

외국인 남편 덕분에 배운 자존감 대화법

④ 내가 해줄 수 있는 상대가 원하는 반응:

- ○ 네 경험을 이야기해줘서 고마워.
- ○ 너도 비슷한 일을 겪었구나. 힘들었겠다.
- ○ 너는 이런 상황에서 이렇게 느끼고 행동했구나.

마음의 여유를 찾으면 상대방의 입장도 헤아릴 수 있게 됩니다. '이 사람은 나를 무시하려는 게 아니라 최선을 다해 나를 위로하려는 거구나.', '이 사람은 내게 시비 거는 게 아니라 자기 마음을 미숙하게나마 표현하고 있는 거구나.' 하고 말이죠.

그렇다면 나의 입장, 나의 의견, 나의 감정은 언제 말할까요? 원하는 바를 잘 전달하는 방법을 알아보겠습니다.

셋째, 나와 나의 말을 분리합니다

듣기 싫은 말도 어쩔 수 없이 들어야만 하는 때도 있습니다. 구한 적 없는 조언을 쏟아붓거나, 물어본 적 없는 나의 문제점을 지적한다거나, 알고 싶지 않은 것을 계속 말하는 상대를 만났을 때는 스스로를 보호해야 합니다. 상대가 폭언한다면 감내할 필요 없이 그 자리에서 벗어나야 합니다. 물론, 상대는 자신의 선의에 나쁜 결론이 나온 데에 무척 당황할 수 있습니다. 때에 따라서는 오해를 풀고 싶고, 나쁜 의도는 아니었다며 안심시키고 싶을 수도 있어요.

상대가 하는 말을 통제할 수는 없지만, 나의 반응은 통제할 수 있습니다. 상처 주는 게 상대의 자유라면, 상처받지 않는 것은 나의 자유입니다. 일관되고 단호하게 나의 입장을 유지해야 합니다. 사람들에게 휘둘리거나 시비에 말리지 않아야 합니다. 내가 나를 차분하고, 강단 있고, 소신 있는 사람으로 만들어야 합니다. 그리고 내가 원하는 상황을 표현합니다.

외국인 남편 덕분에 배운 자존감 대화법

⑤ 내가 원하는 상황 표현:

- ○ 네. 저에게 가능성이 있다는 말씀으로 알아들을게요. 좋은 말씀 감사합니다.
- ○ 제는 제 삶에 만족하고 행복해요. 저의 선택을 응원해주세요.
- ○ 저는 제 인생에 최선을 다하고 있어요. 제 노력을 인정해주세요.
- ○ 조언해주셔서 감사해요. 제 결정에 도움이 되는 방향으로 고려해볼게요. 제 결정에 지지 부탁드려요.
- ○ 제 취향을 존중해주세요.

상대의 의도를 먼저 인정해주고, 내가 원하는 사실만 답변해도 괜찮습니다. 중요한 건 나는 독립적인 사람이고, 나의 행동은 내가 결정하는 것입니다. 상처받는 상황에서 빠져나올 때쯤이면, 새로운 시각과 새로운 마음으로 상황을 다시 볼 수 있게 됩니다.

서술형 문제

1. 내가 상대의 의도를 억측해서 오해가 생긴 적이 있나요? 반대로 상대에게 직접 의도를 물어 오해를 푼 적이 있나요? 경험을 글로 써보세요.

2. 상처받기를 거부하고, 환경과 상황에 흔들리지 않았던 경험이 있다면 써보세요. 나를 보호하고 지키는 경험을 공유하는 것만으로도 자존감을 높일 수 있습니다.

상처 줘도 상처받지 않는 방법

불평불만뿐인 대화, 남과 비교하며 신세 한탄만 하는 대화, 가스라이팅하며 상대를 평가하는 대화, 나를 감정 쓰레기통으로 여기는 대화, 원하는 대답이 나올 때까지 이어지는 무의미한 대화… 저는 이런 대화들이 정말 힘들었습니다. 그러나 나중에 깨달았습니다. 제가 편협했다는 것을요. 세상에는 그런 대화를 원하는 사람도 있었습니다!

부정적인 대화라고 해도 누군가에게는 스트레스 해소법일 수도 있고, 비교를 통해 자신의 위치를 가늠하고 싶었을 수도 있고, 순수하게 자신의 의견을 전달하는 대화일 수 있습니다. 다만 제가 저런 대화를 싫어하고, 하면 안 된다고 믿은 것뿐이죠. 이 사실을 인정하면 세상을 넓게, 사람을 더 자세히 볼 수 있습니다.

잔뜩 비꼬아 던진 공격의 말 한마디도 눈치 없이 해맑은 사람에게는 칭찬이 될 수 있습니다. 악의를 품은 수동적인 공격의 말을 액면 그대로 받아들여 좋은 쪽으로 생각하는 것이죠. 화자는 청자가 눈치도 없다고 생각할 수도 있지만, 어쩌면 청자가 그보다 고단수일지도 모릅니다. '어디 독설 한번 해봐라. 내가 꿈쩍하나. 나는 상처받지 않을 것이다.' 하는 정신력 싸움!

외국인 남편 덕분에 배운 자존감 대화법

화자: 어디 좋은 데 가나 봐? 잔뜩 꾸미고 왔네~

청자: 어머! 어제 쇼핑한 옷이에요. 알아봐 주셔서 감사합니다.

화자 입장에서도 본인이 원하는 모습이 분명히 있을 것입니다. 그래서 다른 사람에게 자랑하고 싶거나, 나를 알아달라는 마음을 수동공격적으로 표현한 것일 수도 있습니다. 위의 예시처럼 회사에 한껏 꾸미고 온 사람을 공격했다면, 회사는 사무적인 곳이므로 단정한 옷을 입어야 하고 자신은 그에 맞춰 입었다는 걸 인정받고 싶다거나 혹은 자신도 화사하게 꾸미고 싶은데 잘 안 되어 부러운 마음을 표현한 것일 수 있습니다.

내가 청자의 입장에서 기분이 상한 이유는 화자의 말을 부정적으로 해석했기 때문입니다. 오늘 새로 산 옷을 입고 기분 좋게 출근했는데, 비꼬는 듯한 표현을 듣는다면 기분이 좋을 리 없죠. 순간의 기분으로 내가 그 사람에게 감정적으로 맞받아치고 싶어도, 잠시 시간을 두고 생각해봅시다. 출근하자마자 말다툼한다면 회사에서 내가 궁극적으로 원하는 나의 모습에 가까워질 수 있을까요?

내가 원하는 상황을 만드는 데 가장 효과적인 방법은 상대의 의도를 파악하여 상대가 원하는 대로 반응해주는 것입니다. 자, 화사하게 옷을 차려입은 당신은 오늘 기분 좋게 하루를 시작하고, 업무에 집중해 좋은 성과를 내고, 동료들에게 인정받는 그런 커리어우먼의 모습을 원합니다. 그러면 기분을 망치지 않기 위해 "어제 산 옷이에요~"라고 대답하거나, "부장님도 오늘 정장 정말 잘 어울리세요!"라고 칭찬해봅시다. 그렇게 말 한마디로 분위기를 전환할 수 있습니다.

연암 박지원의 《마장전》에는 "상대방을 칭찬하려거든 겉으로는 책망하는 것이 좋고, 상대방에게 사랑함을 보여주려거든 짐짓 성난 표정을 드러내 보여야 한다"라는 무심한 척 자상함의 정석이 들어 있습니다. 진정 가까운 사이는 겉모습보다 속마음을 알아준다는 믿음이 예부터 존재한 것입니다. 만약 누군가가 특별한 이유 없이 나를 싫어한다면 그만큼 나를 좋아한다고 생각하세요. '저 사람은 지금 우리 조상님의 지혜를 발휘하고 있구나.'라고 그냥 그렇게 믿어보세요.

그들이 선을 넘는 행동을 한다면 그냥 나를 칭찬하기 위해서라고 믿고, 내가 제일 싫어하는 사람마저 나를 응원하니 나는 천군만마를 얻었다고 생각하는 건 어떨까요? 내가 나에게 당당하면, 나에게 상처 주기 위해 쏜 화살이 결국 그에게 돌아갈 것입니다.

연습 문제

다음 상황을 읽고 화자의 중심 생각을 서술하세요.

① 나에게는 너무 심각한 문제인데 계속 장난친다면

② 상대의 의도는 그 문제는 이미 과거에 일어난 일이므로 바꿀 수도 없고, 본인이 해결해줄 수도 없는 일이니, 내가 너무 스트레스받지 않고 조금 가벼운 기분으로 상황을 보았으면 하는 것이다.

③ 내가 할 수 있는 반응으로는 이 사람을 이런 상황에서 장난으로 넘길 수 있는 사람이라는 걸 인정하고, 내가 원하는 바를 명확하게 "나에게는 심각한 문제라 네가 장난치기보다 내 고민에 공감해주기를 원해."라고 설명할 수 있다.

④ 상대가 원하는 반응으로 "내가 가볍게 생각할 수 있도록 농담해줘서 내 기분이 훨씬 나아졌어."라고 답변할 수 있다.

⑤ 내가 원하는 상황을 "과거를 우리가 바꿀 수 없으니, 나도 너무 심각하게 받아들이기보다 있는 그대로 인정하고 앞으로 어떻게 행동할지를 우리가 결정하자." 라고 설명할 수 있다.

① 자신의 실수를 자꾸 변명하고 정당화하면서 내가 상처받은 상황을 축소한다면

② 상대는 자기 행동에 상처 주려는 의도가 없었음을 설명하여 자신에게 쓰인 오명을 벗고, 내가 상처받지 않았으면 하는 것이다.

③ 내가 할 수 있는 반응으로는 상대의 입장을 끝까지 반박하지 않고 들어준 후 그 의도를 인정하는 것이다. "너는 이러이러한 의도로 이러한 행동을 하였구나."

④ 상대가 원하는 반응으로 "너의 입장을 설명해 줘서 고마워."라고 답변할 수 있다.

⑤ 내가 원하는 상황을 "내가 이러한 이유로 이렇게 받아들였는데 이제 더는 오해하지 않고 앞으로는 내가 상처받기보다 너의 의도를 먼저 물어볼게."라고 설명할 수 있다.

① 상대가 말도 안 되는 고집을 부리며 의견 차이를 좁히려 하지 않는다면

② 자신의 의견도 타당하다는 사실을 인정받고 자신의 선택권도 존중받기를 원하는 것이다. 내 의견이 자꾸 거절되거나, 주제가 넘어간다면 자신의 말도 들어달라는 표현이다.

③ 상대가 원하는 반응으로 '그는 저렇게 생각하고, 나는 이렇게 생각하는구나.' 이해할 수 있다.

④ "네가 그런 이유로 이렇게 생각하고 이렇게 행동한다는 걸 알겠어. 네 이야기 잘 들었어. 네 말도 옳아. 네가 그 순간에 네가 할 수 있는 한 최선을 결정한 거라고 믿을게."라고 말할 수 있다.

① 일이 너무 많다고 또는 잠을 제대로 못 자서 불평불만을 계속한다면

② 우리 가족을 부양하기 위해 한 자신의 노력을 인정받고, 나를 위해 최선을 다한다는 사실을 간접적으로 알려주고 싶은 것이다. 자신이 돈은 버는 이유는 나를 위해서이며, 그 사실을 내가 당연하게 여기기보다 고마워했으면 하는 것이다.

③ '그가 일이 너무 많아서 스트레스를 받았구나. 잠을 잘 못 자서 무척 피곤하구나.'라고 생각해줄 수 있다.

④ "우리를 위해서 매일 출근하고 힘든 일도 마다하지 않아 줘서 고마워. 이렇게 책임감이 강한 당신과 함께할 수 있는 건 행운이야."라고 말할 수 있다.

⑤ "당신 덕분에 나도 내 일에 집중할 수 있어. 나도 최선을 다하고 있지만, 당신이 없었다면 이렇게까지 할 수 없었을 거야."

① 장거리 연애가 힘들다며 '차라리 헤어지는 게 낫지 않을까' 의심한다면

② 내 마음보다 본인의 마음이 커서 왠지 손해 보는 느낌도 들고, 언제 헤어질지 몰라 불안한 마음. 또는 사랑을 확인받고 싶은 마음이다.

③ '이 사람은 장거리 연애를 힘들어하는구나.'라고 생각할 수 있다.

④ "나는 당신을 정말 사랑하고 서로 사랑하는 마음이 있기에 우리는 지금 이 힘든 순간을 잘 넘길 거라고 생각해."라고 말할 수 있다.

⑤ “나도 매 순간 당신을 생각하고 있어. 비록 시차 때문에 상대가 잠든 시간에는 연락이 어렵지만 그래도 내가 깨어있는 모든 순간에 당신과 연락하고 통화할 수 있어서 정말 다행이야. 항상 보고 싶고 사랑해.”

Listening
_ 더 나은 대화를 위한 경청

이번 단원에서는 청취의 목적을 오로지 듣는 행위로만 정의하고 청자의 역할, 말 듣기와 경청의 차이, 대화의 재조정에 관해 다루겠습니다.

경청을 단순하게 말하자면 상대의 감정, 생각, 경험을 공유하고 싶은 마음만 받아주는 것입니다. 말의 진실 여부, 현실성, 중요도를 평가하는 게 아니니 상대의 고민을 해결해줄 필요도, 반박하거나 거절할 필요도 없습니다. 상대의 발언 내용에 답변하지 않아도 됩니다. 순수하게 '듣기 위해' 상대의 이야기를 듣고 있다고 알려주는 것만으로도 충분합니다.

사실 사회적 통념이나 정상적인 사고방식, 상식의 기준 등은 눈에 보이지 않는 개념입니다. 그러므로 우리는 저마다의 사고방식이 존재한다는 걸 인정하고, 저마다의 기준과 관점이 있다는 사실을 인식해야 합니다. 아무리 나에게는 말도 안 되는 발언이라 해도, 그 말을 한 사람의 입장에서는 옳은 말일 수 있습니다. 따라서 대화에서 논리나 정답을 찾는다면 토론이나 비평이 됩니다. 진정한 대화를 하기 위해서는 사람 자체를 보려고 노력해야 합니다. 상대가 나와 다르다는 사실을 인정하고 그 사람만의 이야기를 들을 수 있어야 합니다. 우리는 그 사람이 어떻게 살아왔고, 어떤 사고방식을 갖고 행동하는지 알 길이 없습니다. 그가 자기 생각을 반증 당하고, 불특정 다수에게 판결받아도 입장을 고수한다면 우리가 할 수 있는 게 없기도 합니다.

나는 상대가 아니고, 상대도 내가 아닙니다. 나는 상대에게 영향력을 행사할 필요가 없고 나도 상대에게 영향을 받을 필요가 없습니다. 상대는 그만의 말과 행동을 하는 것이고 나는 나대로 나만의 말과 행동을 선택하는 것입니다. 그렇다면 이렇게나 나와 다른 상대에게 경청하고 있다는 사실을 알리려면 어떻게 해야 할까요?

첫째, 나와 상대를 분리합니다

가장 먼저 상대에게 전달해야 할 메시지는 상대의 의도를 내가 듣고 인정했다는 것입니다. 다음과 같이 대답할 수 있습니다.

외국인 남편 덕분에 배운 자존감 대화법

- ○ 그랬구나. 그럴 수도 있겠어요.
- ○ 잘 들었어요. 무슨 뜻인지 알겠어요.
- ○ 당신이 말한 건 사실이에요.
- ○ 당신의 의도를 이해해요.

그 이유는 첫째, 지금의 대화가 건설적인 대화임을 알리기 위함입니다. 대화의 목표가 잘잘못을 따지고 상식선을 규정하고 사회적 통념을 정의하기 위한 게 아님을 확실하게 하는 것입니다. 우리도 상대의 입장을 무시하고 싶은 것이 아니며 말다툼하는 상황을 피하고 싶은 것이니까요.

둘째, 상대에게 내 이야기를 들어줄 기회를 주기 위함입니다. 상대는 자신의 의견이 묵살되었다고 느껴지면 계속 자기 입장을 대변해야 한다고 느낄 수 있습니다. 그렇기에 내가 먼저 상대의 입장을 인정해준다면, 상대도 나의 입장을 인정해줄 수 있게 됩니다.

셋째, 상대에게 평화로운 대화 방식을 시범하기 위해서입니다. 상대가 충분히 자기감정을 표현할 수 있도록 들어주고, 인정해주고, 성숙한 반응을 보여준다면 상대도 어른스러운 행동에 대해 생각하고 같은 반응을 보일 것입니다.

상대의 말에 도저히 공감할 수 없고, 핑계처럼 들리고, 진심이 느껴지지 않을 때도 "그랬구나."라고 말해주세요. 그의 말에 옳고 그름, 동의 비동의에 대한 언급 없이 여기까지만 하고 끝내는 것입니다. 아무리 내 머리를 쥐어짜도 상대의 입장이 이해되지 않는다면 "그랬구나. 너는 ~라고 말했구나."라고 말해보세요. 상대가 그렇게 말한 것은 사실이니, 상대의 말을 들었다고 확인시켜 주는 표현입니다.

외국인 남편 덕분에 배운 자존감 대화법

- 그랬구나.
- 너는 ~라고 말했구나.

우리가 상대의 말을 경청하기 힘든 이유 중 하나는 말을 듣는 것에 대한 의무감과 부담감 때문입니다. 한국어로 '말을 듣다'라는 문장은 목소리를 듣는다는 뜻과 시키는 대로 한다는 두 가지 뜻이 있습니다. 상대가 말을 잘 듣는다고 해서 상대가 시키는 대로 할 필요는 없다는 사실을 명심해야 합니다. 상대의 말을 들을 때, 상대가 표현의 자유를 행사하고 있다고만 생각해보세요. 내가 그의 요구를 들어줄 의무는 없으며 나는 자유롭게 내가 하고 싶은 일을 하면 된다고 자꾸 상기해야 합니다.

실제로 저는 불필요한 감정 소모를 하지 않기 위해 다음과 같이 연습했습니다. 예전에 시어머니가 한 말씀을 남편이 저에게 그대로 전달했을 때였습니다. "엄마가 너한테 실망했대."라는 말에 수많은 대응 방식이 떠올랐지만, 저는 "아, 어머님께서 '나에게 실망하셨다'라고 말씀하셨구나. 어머님께서 '내가 하는 것이 부족해서 불만이다'라고 말씀하셨구나."라고 대답했습니다. 남편의 의도는 알 수 없습니다. 정말 단순하게 어머님의 말씀을 전달했을 수도 있고, 저에게 숨겨진 의도를 갖고 말한 것일 수도 있습니다. 그러나 어쨌든, 이 대화에서 저는 청자의 역할을 수행했습니다. 그것만으로 충분합니다.

외국인 남편 덕분에 배운 자존감 대화법

화자: 엄마가 너한테 실망했대.

청자: 아, 어머님께서 '나에게 실망하셨다'라고 하셨구나. / 어머님께서 '내가 하는 것이 부족해서 불만이다'라고 하셨구나.

사무실을 방문한 민원인께서 저에게 "일 처리를 늘 이따위로 하세요? 대학 나온 거 맞아요?"라고 불만을 표현한 적이 있습니다. 이때도 저는 '아, 이 민원인께서 내 일 처리에 불만족하셨구나.', '이 민원인께서 나의 학력에 대해 질문했구나.' 딱 여기까지만 생각했습니다.

외국인 남편 덕분에 배운 자존감 대화법

화자: 일 처리를 늘 이따위로 하세요? 대학 나온 거 맞아요?

청자: 일 처리를 ~게 원하시는 점 알고 있습니다. 원하시는 대로 진행되지 않아 답답하신 상황 이해합니다.

상대가 나를 어떻게 생각하고 나에게 뭘 원하는지 등을 표현하는 것은 상대의 자유입니다. 저는 상대의 자유와 권리를 존중합니다. 하지만 그 요구를 들어줄지 아닐지는 나의 선택입니다. 나는 내가 하고 싶은 일을 하고 싶은 만큼만 하면 됩니다.

타인이 어떻게 평가하든 내가 열심히 노력하고 있다는 것을 내가 인정할 수 있다면 충분합니다. 나를 미워하는 부정적인 마음을 가진 상대가 손해입니다. 나는 나를 긍정적인 모습으로 채우고 내 갈 길을 가면 됩니다.

둘째, 나와 상황을 분리합니다

상대의 말을 들으면 그 사람의 요청을 들어줘야 할 것 같은 압박감이 들고는 합니다. 그러나 우리가 기억해야 할 점은, 상대와 나는 감정적으로 독립된 인격체라는 것입니다. 상대의 감정은 상대의 책임이므로 나와는 별개의 문제입니다. 그러므로 나는 상대의 부정적인 표현이 나를 직접적으로 향한 게 아니라고 믿고, 그 말에 잠식되지 않도록 스스로를 상황에서 분리해야 합니다.

상대가 계속 듣기 싫은 말을 할 땐, 말을 들었다는 걸 알리고 이제 대화를 마무리하자고 알려주어야 합니다. 스트레스받는다고 상대의 말을 무시하거나 반응을 보이지 않으면 상대는 말을 듣지 않았다고 여겨 계속 이야기를 반복할 것이기 때문입니다. 악순환에 빠지게 됩니다.

가장 효과적인 기술은 상대의 말을 들었다는 걸 반복함으로써 말을 경청했음을 알리는 것입니다. 상대의 빤한 수에 넘어갈 필요도, 시시비비를 가릴 필요도, 교훈을 남겨줄 필요도 없습니다. 상대의 말을 진심으로, 최선을 다해, 두 귀로 들었다는 걸 알려보세요.

외국인 남편 덕분에 배운 자존감 대화법

- 와, 어머님 친구분은 며느리가 생신상을 차려드려서 정말 좋으시겠어요.
- 어머님께서 원하시는 대로 이루어지면 좋겠어요.
- 어머님께 정말 좋은 소식이에요.
- 어머님께서 편찮으시다니 너무 걱정이에요.

외국인 남편 덕분에 배운 자존감 대화법

- 업무를 도와드리려면 ~ 절차가 필요합니다.
- 현재 ~까지 처리되었고, 마무리되기까지는 더 기다리셔야 합니다.
- 얼마나 중요한 사안인지 잘 알고 있습니다. 저도 일이 빨리 처리되길 바라고 있습니다.

나는 예의를 다하는 행동을 할 수 있으며 상처받지 않기로 선택할 수도 있습니다. 그게 내가 남들보다 더 큰 사람이 될 방법이며, 악순환의 고리를 끊을 방법입니다.

셋째, 나와 나의 말을 분리합니다

정말 마주치기 싫은 사람도 있습니다. 그러나 그 사람과 집, 직장, 모임 등에서 어쩔 수 없이 만나는 사이라면 어떻게 해야 할까요? 제가 찾은 가장 효과적인 대화법은 '완벽한 청자'의 역할만을 수행하는 것입니다. 상대의 이야기에 반응만 하는 대화가 나의 진심을 표현하는 대화보다 수월합니다.

외국인 남편 덕분에 배운 자존감 대화법

- ○ 어머님께서 저희를 사랑하는 마음으로 그러시는 거 이해해요.
- ○ ㅁㅁ 씨도 어머님을 많이 사랑해요.
- ○ ㅁㅁ 씨 키우시느라 고생이 많으셨어요.
- ○ ㅁㅁ 씨가 어머님께 그 이야기를 꼭 듣고 싶어 할 거예요.

외국인 남편 덕분에 배운 자존감 대화법

- ○ 팀장님께서 회사를 위해 정말 많은 일을 하셨죠.
- ○ 프로젝트 발표가 정말 훌륭했어요.
- ○ 팀장님께서 잘 이끌어주신 덕분입니다.

사람에게는 누구나 인정 욕구가 있습니다. 그리고 인정 욕구를 충족하는 가장 효과적인 방법은 누군가가 내 이야기를 경청해주는 것입니다. 자신이 중요하게 생각하는 가치를 나누고 소통하는 데에 큰 의미가 있습니다.

만약 누군가가 내가 말하고 싶지 않은 나의 이야기를 자꾸 물어온다면 어떻게 해야 할까요? 이럴 땐 기분 나쁘게 받아들이기보다 자연스럽게 다른 대화 주제로 넘어가보세요. 질문을 받았다고 해서 억지로 대답할 필요는 없으니까요.

외국인 남편 덕분에 배운 자존감 대화법

○ 이제 다른 이야기로 넘어가요.

○ ㅁㅁ에 대해 어떻게 생각하세요?

○ 뉴스에 나온 사건 보셨어요? 어떻게 생각하세요?

나의 이야기를 상대에게 하고 싶지 않을 때는 대화를 상대에게 맞춰 재조정해보세요. 대화 주제를 상대로 돌리는 것입니다.

외국인 남편 덕분에 배운 자존감 대화법

- ○ 오늘 평소답지 않아 보이세요. 무슨 일 있으세요?
- ○ 왜 그렇게 생각하시게 된 거예요?
- ○ 다른 방법은 없을까요?
- ○ 어떻게 하는 게 좋다고 생각하세요? 의견을 듣고 싶어요.

시간이 지나 생각해보니, 저와 남편은 싸우고 싶었던 게 아닙니다. 너무 상처받아 각자 자신을 보호하고 싶었던 거죠. 저는 미안하다는 말이 듣고 싶어서 남편의 잘못된 행동을 공격하고 있었고, 남편은 자기 행동이 정당하다는 것을 증명하기 위해 자기 행동에 상처받은 제가 잘못되었다며 공격하고 있었습니다. 또 저에게는 그가 나에게 더는 상처 주지 않을 거라는 안심이 필요했고, 그는 자신이 의도적으로 상처 준 게 아니라는 말을 하고 싶어 했습니다. 자신의 감정만 앞세우니 상대의 말이 들릴 리 없었죠. 저와 남편의 대화에는 말하는 사람 있고 듣는 사람은 없었습니다. 자신의 감정만 앞세우니 상대의 말이 들리지 않았어요. 자신의 의견이 무시당한다는 생각에 자꾸 같은 말을 반복하게 되었습니다. 서로의 말을 잘 들어주는 것만으로도 대화의 흐름을 바꿀 수 있습니다.

서술형 문제

1. 상대가 나의 말을 제대로 듣지 않는다고 느낀 적이 있나요? 내가 상대에게 원했던 대답은 무엇이었나요?

2. 입장을 인정하는 대답이나, 상대의 의도가 잘 전달되었다고 알려주는 대화를 실천하여 봅시다. 상대의 말을 경청한 경험을 써보세요.

사과받는 법을 모르는 사람들

한 결혼정보업체에서 연인 간 말다툼 최악의 멘트를 조사한 결과, 남자는 "뭐가 미안한데?", 여자는 "그냥 다"가 차지하였습니다. 이런 상황은 연인 사이뿐 아니라 가족, 동료, 친구 등 어느 관계에서나 나타나죠.

옛날에는 숙제를 안 하거나 준비물을 못 챙겨가면 학교에서 "몇 대 맞을래?"라는 말을 듣는 게 당연했습니다. 잘못한 게 없다고 생각되어도 "뭘 잘못했는지 몰라? 잘못했어, 안 했어?"라며 혼이 나기도 일쑤였습니다. 드라마에서는 상사가 직원에게 보고서를 뿌리며 "이걸 일이라고 해왔어?"라고 하는 장면도 종종 등장했습니다. 여기에 "죄송합니다. 잘못했습니다." 하면 "그게 사과하는 사람의 태도야? 진심이 느껴지지 않잖아?"라며 진정성을 추궁받기도 합니다. "죄송하면 죄송할 짓을 하지 말던가~" 하는 비꼼은 덤입니다. 이런 게 당연하던 때가 있었습니다. 사과해도 문제, 안 해도 문제. 사과를 받아도 문제, 안 받아도 문제인 아이러니한 상황. 우리가 이러한 역설적인 악순환에 빠지는 이유는 무엇일까요?

제 경험에 의하면, 사과받는 법을 잘 모르기 때문인 것 같습니다. 우리는 어릴 때부터 기계적으로 "미안해."라는 사과를 들으면 "괜찮아."라는 말을 하도록 배우죠. 외국어를 배울 때도 같습니다. "아임 쏘리."라고 하면 "잇츠 오케이."라고 받는 말을 배웁니다. 그러나 사과받을 준비가 되지 않았을 때 어떻게 대답해야 하는지는 배우지 못했습니다. 아직 괜찮지 않은데 괜찮다고 대답해야 할 것 같아서, 사과를 받으면 잘못에 면죄부를 주는 것 같아서 자꾸 사과의 진정성이나 당위성을 따지게 되는 건지도 모르겠습니다.

"뭐가 미안한데?"와 "그냥 다."로 이어지는 악순환의 고리를 끊는 말은 바로 "미안하다고 말해줘서 고마워."입니다. 실제로 저와 남편은 이 말 한마디로 오랫동안 반복하던 말다툼의 시간을 반의반으로 줄였습니다.

사실 사과하는 상대는 엄청난 용기를 낸 것입니다. 뭐가 미안한지, 뭘 잘못했는지 일단 잘 모르더라도 나와의 관계를 유지하고 싶기에 사과한 거죠. 억울함, 서운함, 답답함 등의 감정을 뒤로하고 나의 기분을 헤아려준 것입니다. 그러므로 우리는 그런 상대의 노력을 인정하고 미안하다고 말이라도 해줘서 고맙다고 대답할 수 있어야 합니다.

미안하다고 말을 한 건 사실입니다. 사과한다고 잘못이 용서되는 것도 아니고, 내가 화를 풀어야 할 의무가 있는 것도 아니지만, "미안하다고 말해줘서 고마워."라는 말은 해줄 수 있습니다. 서운한 이유, 상처받은 상황에 대해 말하는 건 그다음에 해도 됩니다.

갈등 상황에도 내가 궁극적으로 원하는 게 무엇인지를 아는 게 가장 중요합니다. 그리고 원하는 것을 상대에게 쉽게 설명할 수 있어야 합니다. 말하지 않으면 상대는 알 길이 없습니다. 나도 내 마음을 모르는데 남이 매번 알아차려 줄 수도 없죠.

가끔 정말 치사하고 구차해서 말하고 싶지 않을 때도 있습니다. 이럴 때는 우선순위를 두어서 내가 가장 원하는 것을 추구하는 것도 방법입니다. 상대에게 나의 화난 이유를 알게 하고 싶다면 화난 이유를 설명하고, 상대가 변화하길 원한다면 어떤 행동을 해야 할지 설명하는 것입니다. 그리고 내가 마음의 준비가 되었을 때 사과를 받아들이면 됩니다. 그래도 마음이 풀리지 않는다면 그냥 상대의 노력을 인정하고, 내 갈 길을 가는 것도 좋겠죠. 나의 감정은 나만이 결정할 수 있고, 내가 건강하게 해소할 수 있습니다.

외국인 남편 덕분에 배운 자존감 대화법

○ 사과의 말을 듣고 싶다.
→ "미안해"라고 사과받았으면 되묻지 않는다.

○ 상대가 잘못을 깨닫길 바란다
→ 상대가 잘못한 점을 설명한다.

○ 상대가 나에게 진심으로 사과하길 원한다.
→ 상대에게 상처받은 점과 감정을 설명한다.

○ 상대가 나를 위해 노력하는 모습을 보였으면 좋겠다.
→ 내가 원하는 행동을 구체적으로 설명한다.

연습 문제

다음 대화에서 청자의 답변을 완성하세요.

화자	청자
일부러 상처 주려고 한 말은 아니야.	
너에게는 이런 일이 상처였구나. 네가 아파하는 모습을 보니 내 마음도 아파.	

화자	청자
나는 좋은 의도로 한 일이라니까!	
그렇게 받아들여질 수도 있겠다는 걸 몰랐어. 이제는 알았으니 앞으로 더 신경 쓰고 조심할게.	

화자	청자
넌 너무 예민해. 그런 사소한 일로 상처받을 거 없어	
네가 그것을 얼마나 중요하게 생각하고, 노력했는지 알아. 네가 그렇게 느끼는 건 당연해. 네가 스트레스받을까 봐 걱정이야.	

화자	청자
내가 뭘 그렇게 잘못했다고 나한테만 그래?	
네가 원하는 게 그거였구나. 다음엔 그렇게 하도록 할게.	

화자	청자
당신만 힘들어? 나도 힘들어!	
당신이 힘들었구나. 당신에게 조금이라도 도움이 되면 좋겠어.	
내가 어떤 말을 하든 과거를 바꿀 수는 없지만, 우리가 지금 할 수 있는 일을 찾아보자.	
내게 말하고 싶으면 언제든 연락해.	

Speaking
_ 침묵으로 대화하기

이번 단원에서는 말하기보다 중요한 것을 다루겠습니다. 바로 말하지 않기입니다. 무언의 대답을 위한 즉각 대응법, 감각에 집중하기 그리고 기회 주기를 익힐 것입니다.

침묵은 금이라고 합니다. 외국에도 '네가 말을 할 때는 그 말이 침묵보다 나은 것이어야 한다'라는 속담이 있습니다. 그러니 우리가 하는 모든 말에는 금보다 큰 가치와 의미가 담겨야 합니다. 그렇지 못하다면, 말을 하지 않는 게 더 나을 수도 있습니다.

침묵도 하나의 대답입니다. 반응하지 않는 게 아니라 의식적으로 침묵을 선택하는 것입니다. 침묵하며, 채굴하듯 금을 캐고 있다고 상상해봅시다. 나는 그 금을 모아 더 나은 일을 찾을 것입니다.

지금 하고 싶은 일, 할 수 있는 일에 가치를 둘 것입니다.

내가 평화를 유지하고 싶다면 누군가가 싸움을 걸어왔을 때 평화를 택하면 됩니다. 물론 머리로는 알지만, 실천은 굉장히 어렵죠. 누군가와의 말다툼에 말려들었을 때, 상대가 공격해서 어쩔 수 없었다고 할 수도 있습니다. 상대의 무차별적인 공격이 계속되면 참을 수 없기도 합니다. 그 사람이 시비 걸지만 않았다면 그렇게 반응하지 않았을 거라고 정당화할 수도 있습니다. 그러나 상대의 미끼를 물어버린 이유는 그 순간 내가 할 수 있는 더 나은 반응을 모르기 때문입니다. 내가 공격받았을 때, 평화를 선택하며 나의 존엄성을 지킬 방법을 찾아봅시다.

첫째, 나와 상대를 분리합니다

부부, 연인 등 대부분의 관계는 누가 이기고 지는 경쟁 관계가 아닙니다. 그러므로 내가 침묵한다고 해서 상대가 이긴다거나, 상대의 의견에 동의하는 것이 아닙니다. 상대에게 주도권을 주거나, 면죄부를 주는 것도 아니죠.

오히려 침묵함으로써 더 성장할 수 있습니다. 머릿속에 내 이야기를 어떻게 할지에 대한 고민으로 꽉 차 있으면 다른 생각을 할 겨를이 없습니다. 이런 고민을 비우고, 어떤 사람이 되고 싶은지, 어떤 태도를 보이고 싶은지, 얼마나 현명한 결정을 내리고 싶은지와 같은 내가 궁극적으로 원하는 것들로 채우세요. 더 넓고 멀리 보고, 더 깊고 맑게 생각할 수 있어야 합니다.

그러고 나면 상대의 마음을 헤아릴 여유도 생깁니다. 공격받는다고 느껴질 땐, 상대가 듣고 싶은 대답은 무엇이며 상대의 말에 담긴 의도와 욕구가 무엇일지 생각해봅시다. 인정 욕구일 수도 있고, 무의식중에 나타나는 방어 기제일 수도 있을 것입니다. 그런데 사실 우리는 정답을 알 수 없습니다. 정답은 오직 본인만이 알 수 있고, 어쩌면 본인조차 모를 수도 있습니다. 그러므로 이럴 때는 다음과 같이 바꾸어 생각해보세요.

외국인 남편 덕분에 배운 자존감 대화법

- ○ 그는 왜 저럴까? 왜 저런 말을 할까?
- ○ 그는 저 말을 할 때 어떤 감정일까? 왜 그렇게 느낄까?
- ○ 그의 욕구나 의도는 무엇일까? 궁극적으로 얻고자 하는 것은 무엇일까?
- ○ 그는 무엇을 두려워할까? 통제하거나 회피하려는 것은 무엇일까?
- ○ 그가 듣고 싶은 대답은 무엇일까?

상대가 나를 향해 목소리를 높이고, 약점을 공격하고, 인격을 무시하는 발언을 할지라도 그것은 상대의 선택입니다. 상대가 어떤 행동을 할지는 그의 카르마입니다. 마찬가지로 나의 반응 역시 나의 카르마이며, 내가 선택할 수 있습니다.

우리가 상대의 말에 상처받고, 그 말에 집착하게 되는 이유는 정정하지 않으면 그 말이 사실이 될 거라는 두려움 때문입니다. 예를 들어, 상대가 나를 험담하면 험담을 들은 사람들이 나에게 편견을 가질까 봐 두려워집니다. 이는 상대와 나를 동일시하는 데서 발생하는 현상입니다. 상대와 나를 분리하세요. 그의 말은 그의 의견일 뿐이고, 나에게는 나의 의견을 가질 권리가 있습니다.

나에 대한 험담을 들은 사람들 역시 선택권이 있습니다. 험담을 듣고도 나를 믿어주는 사람들은 굳건히 내 곁에 남을 것입니다. 내가 올바르게 행동했고, 최선을 다했고, 당당하다면 그걸로 된 것입니다.

이성과 감성이 불협화음을 이룰 때는 잠시 눈을 감고 감각을 느껴보세요. 이 감정의 처음부터 끝까지, 원인부터 결과까지, 머리부터 발끝까지 전부 느껴봅니다. 감정을 말로 설명할 수 있을 때까지 쫓아간 다음 이 감정을 표현하고 해소할 방법도 찾아봅니다.

내가 침묵을 선택한 순간, 할 수 있는 행동은 무엇일까요? 저는 그런 순간 커피를 내리거나, 산책하거나, 제가 듣고 싶은 말을 녹음해 들었습니다. 기분이 우울해지려는 그 순간, 즉각적으로 기분을 환기시킬 수 있는 일을 실행해보세요. 부정적인 감정에 잠식되지 않게 나를 보호할 수 있습니다.

평소에 좋아하는 일을 목록으로 만들어 꾸준히 실천해봅시다.

각종 예술적 활동으로 나를 표현하기, 친구 만나기, 영화 보기 등 원하는 것을 하며 부정적인 감정을 흘려보내세요. 부정적 감정이 완전히 사라지고, 햇볕에 널려있는 새하얀 빨래처럼 뽀송뽀송한 기분만 남을 때까지 조금만 기다리세요. 결정은 이렇게 충분한 시간을 보낸 후에 하는 것입니다.

둘째, 나와 상황을 분리합니다

내 감정에 휘말려 날것의 고통을 드러내는 때가 있습니다. 이성적인 사고가 마비되어 가치판단을 전혀 할 수 없는 무력한 때도 있습니다. 끝이 없는 것 같은 절망감, 암흑에 빠진 것 같은 우울함, 벼랑 끝에 선 것 같은 위기감, 모든 걸 포기하고 싶을 정도의 허망함을 느낄 때도 있을 겁니다. 누구나 그럴 수 있습니다. 또, 이런 감정을 상대에게 다 쏟아내고 싶을 수도 있습니다.

그러나 이 순간 쏟는 말은 나의 진심이 아니라 극대화된 감정일 가능성이 큽니다. 끝날 것 같지 않은 고통스러운 감정을 표현하기 위해 더 심한 말로 대응하는 것인지도 모릅니다. 이럴 때는 침묵이 답일 수 있습니다. 무언의 대답에는 힘이 실리는 법입니다. 내 감정에 휩싸여 상황에 전혀 도움이 되지 않는 말을 할 바에는 침묵, 무언, 묵념, 정적, 무응답, 휴전 중 하나를 선택할 수 있습니다.

"사람이 말을 했으면 대답해야지!"라는 말을 들어보셨나요? 사람들은 무의식중에 질문에는 반드시 답을 해야 한다고 생각합니다. 그러나 질문한 것이 상대의 선택이듯, 대답을 하고 안 하고는 나의 선택입니다. 나의 선택권을 상대의 손에 쥐여주지 마세요. 내가 아무 말도 안 하면 상대가 무시당했다고 느낄 수 있으니, 나의 상황과 심정을 솔직하게 표현하는 것도 좋습니다.

외국인 남편 덕분에 배운 자존감 대화법

사람이 말을 했으면 대답을 해야지!

→ 네 말은 다 들었어.

→ 내가 무슨 말을 해야 할지 모르겠어.

→ 나에게는 생각할 시간이 필요해.

상대가 무리한 요구를 할 때도 마찬가지입니다. 상대의 기준에 나를 맞추기보다 나의 기준과 나의 의견을 존중하는 쪽을 선택하는 게 좋습니다.

외국인 남편 덕분에 배운 자존감 대화법

→ 그런 행동은 내 상식에서는 옳지 않기 때문에 나는 하지 않을 거야.

→ 네가 폭력적으로 행동하면 나는 반응하지 않을 거야.

이제부터 상대의 말에 압도되었던 온 신경을 나에게로 돌려봅시다. 지금 여기, 이곳에 존재하는 나를 느끼며 아주 작은 감각부터 하나씩 집중합니다. 나는 숨을 쉬고 있고, 내 발은 땅을 딛고 있고, 내 눈은 하늘을 보고 있습니다. 손가락을 움직일 수 있습니다. 모든 감각을 되살려 온 신경을 나에게 집중해보세요.

외나무다리에서 철천지원수를 만나는 숨 막히는 상황에도 나를 먼저 생각할 수 있습니다. 그 사람과의 나빴던 과거, 어려웠던 관계에 집중된 마음을 나에게도 돌리는 것입니다. 다음과 같은 질문으로 나의 상태를 점검할 수 있습니다.

외국인 남편 덕분에 배운 자존감 대화법

- ○ 나는 지금 최상의 상태인가?
- ○ 나는 최선을 다하고 있는가?
- ○ 내가 차분한 목소리로 말하고 있는가?
- ○ 내가 편안한 표정을 짓고 있는가?
- ○ 내가 어깨 펴고 고개를 꼿꼿이 들고 있는가?

상대와 대화하고 싶으면 해도 되지만, 대화하고 싶지 않다면 억지로 비위 맞추지 않아도 됩니다. 나는 다리를 건너기 위해 가는 중이지, 저 사람과 마주하기 위해 가는 것이 아닙니다. 나는 내가 가던 길을 가면 됩니다.

셋째, 나와 나의 말을 분리합니다

가끔은 말하는 것보다 말하지 않는 게 상황을 나아지게 만듭니다. 말을 아낌으로써 더 우아하게 반응할 수 있으며, 내가 흔들리지 않고 중심을 잡는다면 상대에게 정서적 안정을 제공할 수도 있습니다. 상대가 시비를 걸고 무례하게 굴어도 내가 받아들이지 않으면 됩니다. 상대에게 현실을 일깨워주거나, 얼마나 비상식적인 말을 했는지 알려줄 필요는 없습니다. 누구나 실수를 통해 배워 나가며, 그 몫은 모두 자신이 감당해야 할 것입니다. 그저 상대가 최선을 선택할 거라 믿고 기다리면 됩니다.

상대에게 실패할 기회, 자기 행동에 책임질 기회, 스스로 깨달을 기회 그리고 잘해 낼 기회를 주세요. 다음과 같은 말로 상대의 선택을 존중해주세요.

외국인 남편 덕분에 배운 자존감 대화법

- 당신이 능력 있는 사람이라는 걸 믿어요.
- 당신의 결정을 존중해요.
- 당신이 가족을 위해 가장 현명한 선택을 할 거라 믿어요.
- 당신이 우리를 위해 문제를 해결해주어 정말 다행이에요.

상대가 원하는 것과 내가 원하는 것이 충돌하면 보통 나를 우선하게 됩니다. 그러므로 내가 원하는 것을 정확히 알고, 내가 상대를 얼마나 이해할 수 있는지, 어디까지 타협할 수 있는지, 얼마큼 양보할 수 있는지를 정립해 두는 게 좋습니다. 나의 이상향을 존중하는 만큼 상대의 이상향을 존중하면 관계를 유지할 수 있습니다.

개인적으로는 대화의 끝에 내가 원하는 나의 모습을 상기시키는 것이 효과적이었습니다. 내가 하고 싶은 것, 내가 할 수 있는 것을 입 밖으로 꺼내 대화를 마무리짓는 것입니다. 내 귀에 들리니 나를 대변해주었다는 생각이 들고, 상처의 회복도 빨랐습니다.

저와 남편이 바닥을 치고 올라왔던 시점도 다름 아닌 '침묵'을 선택했을 때입니다. 목소리를 높여 잘잘못을 따지고, 누가 더 희생했는지를 따지고, 어질러진 집과 더러운 화장실에 대해 서로를 탓했던 때는 자기 말만 하느라 서로의 말을 듣지 못했습니다. 둘 다 입을 닫고 나서야 진정으로 원하는 결혼생활을 생각할 여유가 생겼고, 그제야 사랑한다, 고맙다는 말을 주고받을 수 있었습니다.

우리가 대화하는 이유는 상대에게 분풀이하기 위해서가 아닙니다. 내가 하고 싶은 말을 더 잘하기 위해서라도, 상대에게 내 말을 들을 준비를 시키기 위해서라도, 대화에 휴식기를 가져 보세요.

서술형 문제

1. 당신에게 말보다 침묵을 선택하는 게 나은 순간은 언제인가요? 굳이 대답하지 않아도 되는 순간, 나를 부정적인 상황에서 분리해야 하는 순간, 침묵함으로써 상대에게 기회를 주는 순간을 떠올려 작성해보세요.

2. 침묵을 선택하는 순간, 즉각적으로 나의 기분을 환기시킬 수 있는 일들로 목록을 만들어 보세요.

축하와 위로를 건네는 방법

칭찬, 응원, 위로, 격려의 말을 장난스러운 말로 대체하는 경우가 있습니다. 낯간지럽기도 하고 가식적으로 보일까 봐 살짝 에둘러 표현하는 것입니다. 그 순간을 잠깐 참고 진심을 표현해보세요. 우리가 진짜로 하고 싶은 말은 무엇이었나요?

누군가의 좋은 일에 우리가 보이고 싶은 진심은 '축하'입니다. 그런데 어르신들은 졸업이나 취업을 축하의 말로 "시집가도 되겠네.", "이제 결혼만 하면 되겠네."라고 합니다. 이제 졸업이나 취업을 했으니 인생의 정해진 다음 단계로 넘어가도 된다는 의미일 것입니다. 하지만 먼 미래의 부족한 부분을 지적하는 것보다 가까운 눈앞의 성취를 즐길 수 있도록 축하할 수 있어야 합니다. "대학 졸업하고 바로 취업하다니 정말 축하해!", "너의 노력이 결실을 보아 기쁘다!"라고 말하며 기쁨이 두 배가 될 수 있도록요.

누군가의 슬픈 일에 우리가 보이고 싶은 진심은 '위로'입니다. 그런데 가끔 "그건 아무것도 아니야. 나는 저번에 더 심했어."라며 상대의 일이 큰일이 아니라는 듯 위로하는 사람이 있습니다. 그러나 타인의 일을 감히 평가할 수는 없습니다. 누군가에게는 별일 아닌 것처럼 느껴져도 누군가에게는 큰일로 느껴질 수 있습니다. 그러므로 상대가 힘들어한다면 "그런 일이 생겨서 너무 당황했겠다. 마음고생 많았겠구나." 하며 슬픔에 공감해 주세요. 슬픔이 반이 될 수 있도록이요.

우리에게는 타인의 기쁜 일에 축하하며, 어려운 상황에 공감하고 진심으로 잘되길 바라는 선한 마음이 있습니다. 그 마음을 있는 그대로 표현해보세요. "내 일처럼 정말 기뻐.", "더 나아질 수 있어. 넌 잘될 거라 믿어.", "네가 원하는 방향으로 일이 잘 해결되길 바라." 이렇게 진심을 전한다면 우리는 상대에게 안전하고 따뜻하고 편하게 쉴 수 있는 사람이 되어줄 수 있습니다.

외국인 남편 덕분에 배운 자존감 대화법

○ 우리 ○○이, 이제 결혼만 하면 되겠네~
→ 대학 졸업하고 바로 취직하다니 정말 축하해!
→ 너의 노력이 결실을 보아 기쁘다!

○ 그건 아무것도 아니야. 나는 저번에 더 심했어.
→ 그런 일이 생겨서 너무 당황스러웠겠다.
→ 네가 원하는 방향으로 일이 잘 해결되길 바라.
→ 힘들었겠다. 마음고생 많았구나.

가까운 사람이 마음고생할 때 우리의 진심은 '도움을 주고 싶은 마음'입니다. 내가 먼저 상대에게 포근하고 안전한 공간이 되어주어야 합니다. 폭풍처럼 휘몰아치는 말로 다그치면 상대는 마음을 꽁꽁 싸맬 것이고, 햇빛처럼 따뜻한 말을 건넨다면 상대의 마음은 사르르 녹을 것입니다.

"너만 힘든 거 아니야. 사람들 다 그렇게 살아."보다는 "사랑해. 속상하고 어려운 일 있으면 언제든 와서 얘기해."가 좋습니다. "시간 지나면 별거 아니야. 더한 일도 많아."보다는 "지금 얼마나 힘드니. 우리가 어떻게 도와줄 수 있을까? 우리는 항상 네 편이야."라고 말하는 게 좋습니다.

외국인 남편 덕분에 배운 자존감 대화법

○ 너만 힘든 거 아니야. 사람들 다 그렇게 살아.

→ 사랑해. 속상하고 어려운 일 있으면 언제든 와서 얘기해.

○ 시간 지나면 별거 아니야. 더한 일도 많아.

→ 지금 얼마나 힘드니. 우리가 어떻게 도와줄 수 있을까? 우리는 항상 네 편이야.

○ 남의 돈 버는 게 원래 힘들어. 그 정도도 힘들다고 하면 나중에 어떻게 큰일을 하겠니?

→ 고생했어. 그 힘든 일을 해낸 네가 자랑스러워. 너를 믿어.

연습 문제

다음 대화에서 이어질 가장 적절한 반응을 작문하세요.

1. 그게 너의 진심이 아니라는 걸 알아. 네가 일부러 내게 상처 주기 위해 한 말은 아니었을 거야.

2. 난 지금 내 상황에서 최선을 선택한 거야. 만족해.

3. 너와 나는 경쟁상대가 아니야. 굳이 서로를 비교할 필요 없어. 너는 너대로 충분히 잘하고 있고, 나도 최선을 다하고 있어.

4. 나는 너와 이런 문제로 논쟁하고 싶지 않아. 서로에게 진심인 대화만 하고 싶어. 네가 그렇게 얘기하면 나는 너무 힘들어. 지금이 힘들다면 준비가 된 후에 다시 얘기하자.

5. 나는 우리가 긍정적인 이야기를 하며 좋은 사이를 유지하면 좋겠어. 너와는 좋은 시간을 보내고 싶어.

6. 걱정해줘서 고마워. 이 문제는 내가 더 알아보고 고민해볼게. 도움이 필요하면 말할 테니, 그전까지는 나를 믿고 지켜봐 줘.

7. 실례지만, 그 이야기는 그만하고 싶어요.

PART

4

자존감 대화를 위한 물길로 흐르기

우리 남편도 달라졌어요

이번 마지막 단원에서는 감정의 독립, 자기 주도적 선택법, 행복을 연습할 용기를 다루겠습니다. 그리고 첫 번째 단원에서 정의한 자존감의 주제를 복기하며 나의 말과 행동이 어떻게 바뀌었는지, 현실의 내가 스스로를 얼마나 존중하고 있는지 되돌아보는 시간을 가질 것입니다. 앞으로 나의 영화는 어떤 줄거리로 흐르길 바라는지, 내가 원하는 주인공의 모습은 무엇인지 다시 한번 상상해봅시다.

이제까지 다룬 자존감 대화법을 요약하면 다음과 같습니다.

- 내가 하고 싶은 것 ⇨ 주체적, 능동적으로 표현하기
- 내가 원하는 것 ⇨ 궁극적, 능동적으로 표현하기
- 내가 바라는 상황 ⇨ 긍정문, 현재진행형으로 표현하기

우울증을 겪고, 이혼을 생각할 정도로 힘든 시기에 저는 남편과도 말이 통하는 대화법을 고민했습니다. 그리고 이 고민의 시간은 결국 나에게 더 집중하고, 나를 더 탐구하는 기회가 되었습니다. 〈우리 아이가 달라졌어요〉, 〈금쪽같은 내 새끼〉, 〈세상에 나쁜 개는 없다〉 등의 프로그램을 보면 문제 행동을 보이는 대상의 심리를 이해하고, 그들의 어려움을 해결하기 위해 보호자가 행동을 교정하는 것이 나옵니다. 제 경우도 그랬습니다. 남편이 아니라 제가 달라져야 했습니다.

간혹 '자기 팔자를 자기가 꼰다'라는 말로 타인의 선택을 평가하는 사람이 있습니다. 그러나 인생에서 중대한 결정을 내리기란 쉬운 일이 아닙니다. 상대의 한 번 실수에 눈감았다가 마음에 한이 서리기도 하고, 상황을 받아들이기로 마음먹었으나 공허하고 무기력해지기도 합니다. 결혼을 후회한다고 해서 바로 이혼을 결정하기도 힘들고, 갈등이 생겼다고 가족과 천륜을 끊거나 친구와 절교하기도 어렵습니다. 그러나 꼬인 자기 팔자를 풀어야 할 사람은 그 누구도 아닌, 바로 나입니다. 많은 시행착오를 거쳐 내가 원하는 것을 찾아야 하는 것도 나, 깊은 우울감에서 벗어나야 하는 것도 나, 감정적인 독립과 주체적인 인생을 살기 위해 노력해야 하는 것도 나입니다.

내가 나를 위해 하는 생각과 행동 모두 나의 자존감에 영향을 줍니다. 악조건의 상황에도 내가 최선을 다하고 있다는 사실을 알아주세요. 과거의 내가 최선을 다했고, 지금의 내가 최선을 다하고 있고, 미래의 내가 최선을 다할 것이라고 믿어주는 것입니다. 후회 없을 만큼 내가 최선을 다했다는 사실을 나 스스로 인정하고 받아들이면 충분합니다.

첫째, 나와 상대를 분리합니다

제 마음이 산속의 호수처럼 맑고 태평양처럼 넓었다면 남편을 사랑으로 감싸 안았겠지만, 심리적 여유가 없던 당시에는 참으로 어려운 일이었습니다. 그때 저는 제가 아는 모든 방법을 동원해 남편을 바꾸려고 했습니다. 간장종지만 한 제 마음에 남편이 들어오려면 간장이 되어야 했으니까요. 그러나 남편은 제 마음에 갇혀 있기에는 너무 큰사람이었습니다. 살아온 방식, 관계 맺어온 사람들, 가정과 사회에서 형성한 가치관, 꿈꾸는 미래도 저와 달랐죠. 남편은 저와는 다른 세상에서 태어나 전혀 다른 사고방식과 감정을 가졌는데, 저는 제 방식만이 옳다고 여겼던 것입니다.

저는 진심은 언젠가 통할 것이라 믿었습니다. 그러나 이 또한 저의 일방적인 생각이었음을 깨달았습니다. 진심이 통한다는 건 상대가 내 말을 받아들이는 것이지, 내가 강요해서 되는 게 아니니까요. 그러니 저는 남편에게 진심으로 대했고 최선을 다했다는 사실에 만족할 줄 알아야 했습니다. 더 중요한 점은 상대의 진심이 내가 원하는 게 아니더라도 인정하고 받아들일 수 있어야 했습니다.

사람에게는 자기 자신이 온 세상이고 우주입니다. 그 한 사람을 사랑한다는 것은 그의 세상과 우주를 사랑하는 것입니다. 각자의 세상에서 문제없이 이루어졌던 법칙이나 일과가 새로운 우주와 만나 충돌하는 것은 당연한 현상이며, 그 과정에서 평화를 찾기 위해서는 이를 인식하고 조율하는 시간이 필요합니다. 그라는 우주 안에서 내가 아무런 방어 기제 없이도 안전하고 편안하며, 행복한 순간이 있었으면 좋겠습니다. 상대가 나에게 맞춰줘야 안전한 게 아니라, 나의 안전을 위해 스스로 최선을 다한다는 뜻입니다. 중심을 잘 잡고 나를 단단히 키워서 흔들리는 외부 환경에 대응할 방법을 알고, 나를 보호할 수 있어야 합니다. 누구보다도 내가 나를 믿어주어야 합니다.

둘째, 나와 상황을 분리합니다

어떤 상황이든 나의 생각, 나의 행동, 나의 말로부터 변화를 주도할 수 있습니다. 내가 할 수 있는 일을 찾아서 내가 원하는 방향으로 스스로 걸어갈 수 있으며, 나의 감정과 나의 의견을 존중할 수 있습니다. 지금 여기에서 내가 나를 위해주어야 합니다. 그래야 내가 꿈꾸던 미래를 만들어 나갈 수 있습니다.

만약 과거로 되돌아간다면, 당시 저의 상황을 인정하고 부정적 감정은 건강하게 해소하며 저의 존엄성을 지키고 싶습니다. 원하는 것을 이루어내는 주체적인 사람, 나의 잠재력을 펼칠 수 있는 자유로운 사람, 스스로 만족할 만큼 최선을 다하는 자존감 높은 사람이 되고 싶습니다.

그래서 저는 용기를 내었습니다. 내가 하고 싶은 말을 상대가 들어줄 수 있는 환경을 만들고, 상대의 의도를 나에게 도움이 되는 방향으로 해석하고, 나의 진심을 솔직하게 표현했습니다. 나의 행복을 위해 내가 원하는 방향으로 간다고 알려주고 실제로 원하는 방향으로 향했죠. 저는 그 과정을 통해 더 넓은 세상으로 나올 수 있었습니다. 당연히 못하리라 여겨 먼저 포기했던 일에 도전하기도 했습니다. 인생의 중심을 나에게 옮기는 것만으로도 크게 성장한 느낌을 받았습니다.

할 수 있는 모든 방법을 시도해보세요. 자신 있게 최선을 다했다고 말할 수 있도록 마지막이라고 생각하고 행동해봅시다. 후회하거나 실패할 수 있습니다. 하고 싶지 않은 일을 해야 하거나, 하지 못하는 일로 인해 좌절하기도 하고, 하소연과 분풀이가 필요할 수도 있습니다. 이런 부정적인 감정이 든다면 건전하게 해소할 방법을 찾아보세요. 나의 감정을 다독이고, 나의 언행에 책임지는 것이 나를 성숙한 인격체로 만드는 일입니다.

과거에 대한 후회보다 현재와 미래에 대한 다짐을 적어봅시다. 하기 싫은 일보다 하고 싶은 일을 목록으로 적어봅시다. 기분 나쁜 경험에서 어떤 교훈을 얻었고 다음번에 어떻게 대처할지 미리 대본을 짜봅시다. 모든 글에 희망적인 메시지를 넣어 긍정적인 기운을 받았으면 합니다.

한은 맺히기도 하지만 풀리기도 합니다. 내게 한이 서릴 만큼 큰 일이 생겼어도, 천천히 풀어내면 되는 것이었습니다. 원 없이 풀어내며 주체적인 삶을 살아가면 좋겠습니다.

셋째, 나와 나의 말을 분리합니다

제대로 된 사랑을 받아보지 못한 사람은 사랑하는 법을 알지 못해 방황하기도 합니다. 제대로 위로받아 본 적이 없는 사람도 타인을 위로하는 데 서툽니다. 그러나 모두 나름대로는 최선을 다하고 있는 것일 수 있습니다.

좋은연애연구소의 김지윤 소장님은 '인간관계에서 상처를 많이 받은 사람은 뇌의 배선이 부정적인 방향으로 고정된 상태'라며 긍정적인 관계를 5년 정도 지속해 경험하면 달라진다고 말합니다. 이러한 경험은 단기적인 관계가 줄 수 없는, 아주 가까운 사람들만이 줄 수 있는 선물이죠. 그렇다면 이 선물을 일평생 함께할 나 자신에게 주는 건 어떨까요?

먼저 나에게 긍정적인 사고와 긍정적인 말로 가득 채워줍시다.

익숙해질 때까지, 습관이 될 때까지 채우세요. 상대에게 선한 영향을 줄 수 있을 때까지 억지로라도 노출해보세요.

변하지 않는 상황이라면 좋은 면만 보세요. 당장은 무의미해 보여도 은근히 위안이 됩니다. 그러다 보면 조금씩 기분이 좋아지고, 며칠이 지나면 뜬금없이 행복하기도 합니다. 이런 순간을 의식적으로 기억해야 합니다! 내 주위가 파스텔 톤으로 채색되어 가고, 조금만 발걸음을 빨리하면 날아갈 것 같은 기분이 들 때 글이나 사진으로 기록해두세요.

물론, 피로에 찌들고 현실에 닳고 닳아 온 세상이 어두컴컴하게 느껴질 때도 있습니다. 그러나 내가 밝은 하루를 산 기억을 소중히 간직하고 있다면, 지금의 힘든 시기가 영원하지 않다는 것을 알게 됩니다. 그리고 행복한 순간을 만들어내기 위해 지금 무엇을 해야 할지도 알고 있을 것입니다. 이런 순간을 경험할 수 있기를 바랍니다.

서술형 문제

1. 이번 단원에서 무엇을 느끼셨나요? 나의 행동, 나의 사고방식, 내가 하는 말에 조금이라도 변화가 있었다면 써보세요.

2. 이제는 실전입니다! 나를 시험에 들게 하는 대화나 상황들 그리고 상대의 행동에 맞닥뜨렸을 때, 이 책에서 다룬 언어 영역들을 떠올려보세요.

실천서

코로나로 전 세계가 혼란스러웠던 시기, 저는 우울증을 진단받고 그간 믿었던 정상의 기준과 상식선이 흔들리는 경험을 했습니다. 아마 지금 힘든 시기를 보내고 계신 분들은 상황에 압도당하고, 아무것도 할 수 없는 절망감이 들 것입니다. 이런 때는 현재를 잘 견뎌내기 위해 의식적으로 노력해야 합니다. 이 실천서는 제가 우울증을 극복하기 위해 적었던 기록의 도구입니다. 각자의 상황에 맞게 활용하고 방법을 찾아갑시다.

월간 그래프 작성하기

주기	1	2	3	4	5	6	7	8	9	10	11	12	13	14	15	16	17	18	19	20	21	22	23	24	25	26	27	28	29	30
날짜	4/1	4/2	4/3	4/4	4/5	4/6	4/7	4/8	4/9	4/10	4/11	4/12	4/13	4/14	4/15	4/16	4/17	4/18	4/19	4/20	4/21	4/22	4/23	4/24	4/25	4/26	4/27	4/28	4/29	4/30
호르몬	0	0	0.5	1	1.5	2	2.5	3	4	5	6	7	9	12	16	21	27	34	42	51	60	63	64	65	64	63	57	40	15	0
수면																														
운동																														
습관																														
기분																														
체중																														
	생리기											배란일										생리 전 증후군								
피부	회복기							황금기							후퇴기							침체기								
다이어트	준비기							황금기							주의기							위험기								

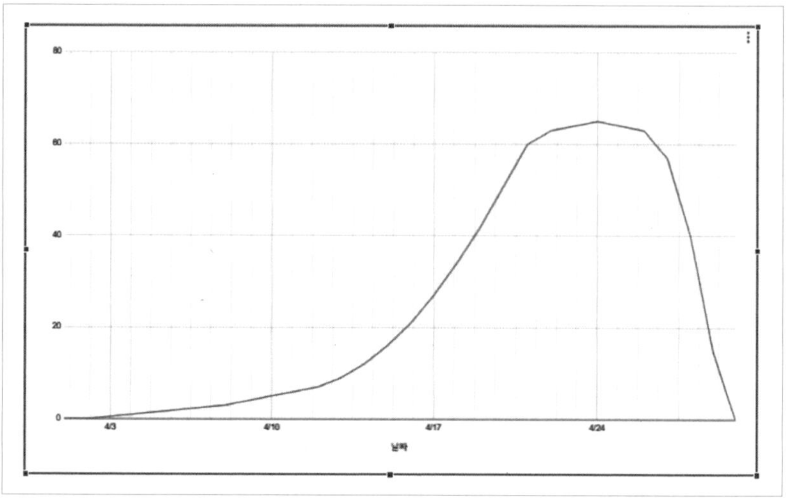

저는 감정 기복이 심한 편입니다. 특히 호르몬의 변화에 따라 감정이 주기적으로 오르락내리락하며, 이전에는 파도처럼 몰려오는 감정에 휩쓸리기도 했습니다. 그러나 이제는 감정을 잘 이해하고, 원하는 모습이 확고해지면서 차분하게 감정을 관리할 수 있게 되었습니다.

저는 기복을 예측하고 대비하기 위해 기분에 영향을 주는 항목을 정리해서 그래프로 만들었습니다. 그러고는 매일 저의 상태를 확인하며 기분이 나아질 방법을 실천했습니다. 짜증이 늘거나 우울감에 빠질 가능성이 많은 시기에는 운동 시간을 늘려 부정적 감정을 분출하고, 수면 시간을 조절해 체력적 안정을 유지하는 식입니다.

또한, 이러한 방법을 습관화해 계획을 세우는 데도 참고했습니다. 일정을 잡을 때 내가 어떤 감정선 상에 있는지를 파악하고 최상의 상태로 사람들을 만나기 위해 노력하는 것입니다. 당황스러운 일이 생겨도 나에게 도움이 되지 않는 표현은 자제하고, 가장 효과적인 말을 할 수 있도록 내면을 들여다보게 되었습니다.

위의 그래프는 예시입니다. 항목을 달리해 각자의 상황에 맞게 활용해보세요.

인생 계획표 작성하기

이 계획표의 특징은 현재를 기준으로 과거 반, 미래 반으로 계획하는 것입니다. 그리고 긍정적인 내용으로만 채워야 합니다! 인생 계획표는 연령대, 5개년, 연간, 분기 계획표 등을 짤 수도 있습니다.

저는 과거의 힘든 기억을 지우거나 부정하는 식으로 해결하고는 했습니다. 그러다 보니 그 시간을 지나왔던 나까지 잃는 기분이 들었습니다. 그 당시 이루었던 성취와 행복했던 순간까지 부정하는 부작용이 있었죠. 그러므로 의식적으로 과거의 긍정적인 면도 볼 수 있어야 합니다. 과거를 새로 쓰고, 현재에 집중하고, 미래까지 긍정적인 기억을 가지고 갈 수 있도록 새로운 관점으로 서술하는 것을 추천합니다. 과거의 그 상황이 객관적으로 어땠는지, 무엇을 잘했고 배웠고 기억하고 싶은지, 나는 무엇을 원했는지, 내가 어떤 상태일 때 가장 행복했는지 등을 고민하는 것입니다. 실패에서 배워 성장할 수 있으면 좋겠습니다.

그리고 지금 내가 원하는 미래도 구체적으로 상상해보고 기록합니다. 여기에는 계획대로 되지 않았을 때의 대처 방법도 포함하여 어떻게 대비하면 좋을지도 고민해봅시다.

일기 쓰기

우리는 현재를 살아야 합니다. 만약 지금 깊은 우울감에 빠져 있거나 다른 것은 생각할 수 없을 정도로 부정적인 감정에 휩싸여있다면, 그것을 표현하는 것도 하나의 방법입니다. 내가 겪는 감정을 온전히 느껴보고 글로 쓰거나, 말로 털어놓거나, 예술 활동으로 표현해보세요. 대신, 이러한 날것의 감정들은 나만 알고 있는 게 가장 좋을 수 있습니다.

저는 제가 듣고 싶은 말을 적는 방법이 가장 효과적이었습니다. 그리고 문자 음성 변환 사이트를 이용해서 녹음한 뒤 우울할 때마다 저에게 들려주었습니다. "미안해. 사랑해. 고마워." 비록 기계음이지만 제 귀를 통해 다시 듣는 것만으로도 큰 위로를 받았습니다.

나를 행복하게 하는 것을 목록화해보세요. 내가 하고 싶은 일, 내가 할 수 있는 일을 찾아서 목록으로 만드는 것입니다. 나에게 딱 맞는 취향, 편안함을 느끼는 공간, 좋아하는 향기, 안정적인 시간 등 소소하지만 확실한 행복으로 채워봅니다.

그리고 내가 이 일을 할 수 있는 시간도 배정해보세요. 휴식을 취하고, 기분을 전환하고, 사색할 수 있는 시간을 따로 내는 것입니다. 일부러 시간을 내어 작은 여유를 나에게 선물하세요. 희망이 없다고 느껴지는 상황에도 감사할 수 있는 것을 찾아봅시다. 회사에 가서 커피 한 잔을 마시는 일, 일을 많이 한 날 오후에 간식 타임을 갖는 일, 퇴근하면서 강아지를 구경한다거나, 좋아하는 텔레비전 프로그램을 보거나, 부모님께 연락하는 일. 만날 친구가 있고, 월급을 주는 직장이 있고, 외출했다 돌아올 수 있는 집이 있고, 다리를 뻗고 누울 수 있는 이부자리가 있고… 모두 시간이 지나면 그리울 것들입니다.

견디기 힘든 순간에 바로 실행할 수 있는 처방전을 쓰는 게 가장 중요합니다. 대본처럼 구체적으로 목록을 만들어 실행해보세요. 친구가 약속에 늦을 것을 대비해 읽을 책 목록을 써둔다거나, 남편과 다퉈서 속상할 때 심신에 위로를 받을 팟캐스트 목록을 써 둔다거나, 일이 계획대로 되지 않을 때 여유를 줄 행동 등을 써 두는 것입니다. 우리는 이렇게 현재를 살아낼 수 있습니다. 오늘도 잘 버틸 수 있습니다.

나가며

긍정적인 변화,
이제는 현실이 됩니다

오늘 하루를 잘 지내주신 당신께 감사드립니다. 오늘 하루를 치열하게 살아내느라 혼자 많이 애쓰셨다는 것이 느껴집니다. 당신을 존경합니다. 그동안 잘 살아오셨습니다. 감히 그 어떤 말로 당신의 마음을 헤아릴 수 있을까요. 고생 많으셨습니다. 지금도 충분히 잘 해내고 계십니다.

당신의 행복을 응원합니다. 당신에게 잠깐의 여유를 주어서 오늘 기분은 어떤지, 오늘 무엇을 먹었는지, 잠은 잘 잤는지 등을 살필 수 있었으면 좋겠습니다. 힘에 부치면 쉬어가고 우울함이 몰려드는 날에는 그 감정에 포근한 햇볕을 쬐어 줄 수 있었으면 좋겠습니다. 그래도 괜찮습니다.

우리는 경험을 통해
긍정적인 변화를 실천해 나갈 것입니다

우리가 이론은 잘 알지만, 실전에 적용하지 못하는 이유는 경험의 부재 때문입니다. 우리가 자꾸 옛날 방식으로 돌아가는 이유는 단지 안정적이라고 느끼기 때문입니다. 그러나 익숙한 방향으로만 대화하면 변화를 이끌어 내기가 어렵습니다. 미지의 세계로 건너는 새로운 시도가 있어야 더 나은 상황을 만들 수 있습니다. 예를 들어, 상처받을 만한 상황에서 스스로를 보호하고 대변하거나, 힘든 일이 있었을 때 내가 원하는 방식으로 문제를 해결하는 경험을 쌓는다면 사건을 바라보는 시각과 상황을 이해하는 서술이 완전히 달라질 것입니다.

우리는 현재를 살아내야 합니다. 말 한마디만 달리해도 상황을 180도 달라지게 만들 수 있습니다. 내 말에서 시작된 아주 작은 변화가 결국 인생을 바꾸어줄 것입니다. 나에게 긍정적인 경험을 할 기회를 최대한 많이 주세요. 그것이 나의 새로운 기본값이 되어줄 것입니다.

당신은 이미 성장하고 있습니다

고백합니다. 사실 이런 대화법을 공부해도 인생이 하루아침에 바뀌지는 않습니다. 그러나 이 책에 소개한 대화법은 비효율적으로 보일 수 있으나, 사람의 마음을 움직이는데 가장 효율적인 대화법일 수 있습니다. 전투에서는 지더라도, 전쟁에서는 승리하는 대화법입니다.

당신은 이미 강한 힘을 갖고 있습니다. 그리고 이 책을 읽은 당신은 이전보다 훨씬 성장했습니다. 우리는 앞으로도 계속 실수하고, 실패하고, 후회할 것입니다. 그러나 실수는 우리에게 그만큼 배울 기회가 있다는 것이고, 실패는 그만큼 우리가 도전했다는 뜻이고, 후회는 내면적으로 성장했다는 증거입니다. 우리는 여전히 최선을 다하고 있습니다. 지금 이 상황을 잘 헤쳐 나가고, 넓은 시각으로 세상을 보고, 감정을 건강하게 표현할 수 있습니다. 당신에게는 잠재력을 발휘할 기회가 수없이 다가올 것입니다. 그리고 이제 당신은 다르게 말하고 행동할 가능성과 방법까지 알고 있습니다. 그때마다 더 좋은 사람, 더 큰 사람으로 다가갈 수 있습니다. 그런 당신은 진정한 어른입니다.

치유는 목격자가 있을 때
시작합니다

지난 몇 달간 당신이 해온 행동에 대해 자랑스러워합시다. 침묵의 싸움, 겸손, 스스로 눈물 닦은 경험… 마음고생 많았습니다.

당신은 분명히 앞으로도 많은 상황을 현명하게 헤쳐 나갈 것입니다. 당신이 원하는 당신의 모습으로, 당신이 바라는 방향으로 나아갈 것입니다. 그 과정 끝에는 분명 당신이 원했던 그 모습이 있을 것입니다.

대화법을 아주 조금만 바꿔 대화 전체의 흐름을 좋은 방향으로, 나에게 유리한 방향으로 이끌 수 있습니다. 부정적인 감정을 건강하게 해소하고, 대화로 갈등을 해결해 나가는 경험을 쌓는다면 미래에 만들 새로운 관계에 도움이 될 것입니다.

당신의 결정을
응원합니다

상처를 스스로 보듬고, 두 다리로 일어설 수 있는 당신 내면의 강한 힘을 믿습니다. 이 모든 역경과 고뇌를 겪으면 더욱 성숙하고 유연하고 포용력이 있는 사람이 될 것입니다. 그런 당신이 자랑스럽습니다.

당신이 어디에 있든, 어떤 상황에 놓여 있든, 누구와 함께 있든 당신만을 위한 결정을 할 수 있기를 바랍니다. 당신이 진정으로 원하는 것을 이루기를 희망합니다. 무엇을 선택하든 당신이 행복을 느낄 수 있을 정도로 마음이 평안하기를 기원합니다.

지금 누구보다도 간절하게 행복하기를 원하는 당신과 함께 방법을 찾아가고 싶습니다. 당신의 도전을 응원합니다. 우리가 다시 만날 때까지, 부디 당신 자신을 잘 돌보아주세요.